RESEARCH ON THE FRONTIER ISSUES OF INVESTMENT
AND FINANCING IN CHINA

我国投融资前沿问题研究

李泽正 ◎ 著

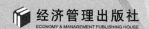

经济管理出版社
ECONOMY & MANAGEMENT PUBLISHING HOUSE

图书在版编目（CIP）数据

我国投融资前沿问题研究 ／ 李泽正著. -- 北京：
经济管理出版社，2024. -- ISBN 978-7-5096-9940-9

Ⅰ. F832.48

中国国家版本馆CIP数据核字第2024KY9452号

组稿编辑：张馨予
责任编辑：张馨予
责任印制：张莉琼

出版发行：经济管理出版社
　　　　　（北京市海淀区北蜂窝 8 号中雅大厦 A 座 11 层　100038）
网　　址：www.E-mp.com.cn
电　　话：(010) 51915602
印　　刷：唐山玺诚印务有限公司
经　　销：新华书店
开　　本：720mm×1000mm/16
印　　张：12
字　　数：156 千字
版　　次：2024 年 11 月第 1 版　2024 年 11 月第 1 次印刷
书　　号：ISBN 978-7-5096-9940-9
定　　价：98.00 元

目　录

第一章　我国投融资体系、发展历程及现状

第一节　投融资体系概述

投融资体系是指由投融资主体、投融资制度、投融资模式等要素组成的有机组织结构。在经济社会发展中，各个投融资主体按照投融资制度，根据项目需要选择合适的投融资模式开展投融资活动，最终推动项目顺利实施。本书重点研究基础设施领域的投融资。

一、投融资主体

按照在投融资活动中扮演的不同角色，投融资主体可以分为监管方、投资方、融资方和其他第三方服务机构。每一个主体的定位都不一样，在基础设施投融资中发挥的作用也不尽相同。

监管方是制定、维护投融资制度的主体，主要是各级政府及其部门。对

我国来说，基础设施投融资体系中的监管者包括中央政府、地方政府。中央政府有权制定基础设施投资、融资方面的各项法规政策，如《政府投资条例》、《国务院关于加强地方政府性债务管理的意见》（国发〔2014〕43号）等。从具体监管执行部门来看，监管方主要包括国家发展和改革委员会等综合管理部门，财政部、自然资源部、国务院国有资产监督管理委员会等重点领域管理部门，以及交通运输部、住房和城乡建设部、农业农村部、水利部等行业主管部门。此外，中国人民银行、国家金融监督管理总局和中国证券监督委员会是融资领域的监管部门。

投资方是从事投资活动的主体，一般以企业为主，也包括开展投资活动的政府、部分事业单位、各类组织等。从我国的实际情况来看，基础设施投融资体系中的投资方主要是地方政府和国有企业，民营企业和外资企业，以及部分事业单位和各类组织机构等。因此，政府既扮演了监管者的角色，也承担了投资者的职能。之所以出现这种情况，主要原因是很多基础设施项目属于公益性项目，如市政道路、监狱、学校等，这些项目需要政府履行供给责任。通常情况下，我国的公共基础设施项目由县级以上地方人民政府作为发起人和投资人。但对于涉及国防、外交基础设施的项目，或跨区域的重大基础设施项目，或具有重大战略意义的国家级项目，中央政府也可以作为发起人和投资人，对项目进行直接投资，如南水北调工程、三峡工程、港珠澳大桥等。

融资方是为投融资活动提供资金融通的主体，一般以金融机构为主。由于基础设施项目投资规模大，资金需求较大、期限较长，且投资回报率通常不高但较为稳定，因此为基础设施项目融资的融资机构及其融资产品（金融工具）需要满足基础设施项目的上述特征。在我国金融体系内，能够匹配上述特征的融资机构主要有政策性（开发性）金融机构、商业银行、保险公司（通过保险债权投资计划），承销公司债、资产证券化（ABS）等债务融资工具的证券公司，以及信托、私募基金等。基础设施投融资体系的主要渠道和工具基本来自金融市场和各类金融工具，因此，金融市场对基础设施投融资体系建设起到了关键作用。2023 年全国社会融资规模增量中，仅人民币贷款占比就达到了 54%。我国金融市场的这一特点在很大程度上影响了基础设施投融资的整体结构。

除了监管方、投资方、融资方以外，投融资体系中还有很多为投融资活动提供支撑的第三方服务机构，主要包括施工、咨询、招标、设计、监理，以及律师事务所、会计师事务所、资产评估等中介机构。在融资方中，也有一小部分金融机构既能直接为投融资活动提供资金支持，也承担了部分服务机构的作用，如证券机构中的投资银行业务等。

二、投融资制度

投融资制度是由投融资相关的法律法规、政策文件组成的一套规则体系，其主要作用包括三个方面。

一是确定各类投融资主体的角色和定位，以及相互之间的关系。比如，2004 年国务院出台的《国务院关于投资体制改革的决定》，奠定了投资项目实行审批、核准、备案制度的基础，为政府履行项目投资决策提供了基本遵循。2018 年出台的《政府投资条例》进一步明确，"国务院投资主管部门依照本条例和国务院的规定，履行政府投资综合管理职责。国务院其他有关部门依照本条例和国务院规定的职责分工，履行相应的政府投资管理职责"。这就为国务院有关部门履行相应的职责明确了法律依据。2016 年出台的《企业投资项目核准和备案管理条例》对落实企业投资自主权作出了明确规定。此外，一些政策文件也对投融资主体的角色和定位进行了明确。

二是为投融资活动提供各类工具和方式。所有的投融资方式和投融资工具，都需要相应的制度来保障其存在的合理性和合法性。比如，地方政府融资平台的产生、规范和转型，都有系列政策文件作为指导。再如，国家发展改革委及相关主管部门出台的多份 PPP 政策文件，为 PPP 模式规范应用提供了制度保障。而 ABO、EPC+F 等模式虽然在一些地方已有实践，但由于缺乏相应的制度保障，其合法性依然存疑。此外，《国家发展改革委关于推进基础设施领域不动产投资信托基金（REITs）试点相关工作的通知》发布后，中国 REITs 产品才正式被推出，为基础设施提供了全新的投融资工具。

三是规范投融资活动的行为。由于参与投融资活动个体的理解能力、实际需求不同，投融资工具的方法也会不同，个体的理性行为可能导致群体的不理性行为。因此，投融资制度的一个重要作用是规范投融资活动中的各种行为。比如，1996 年开始出台，并经过多次调整和完善的投资项目资本金制度，是我国基础设施项目投融资的基本准则，也是投融资模式创新的基本遵循。再如，从 2017 年中央经济工作会议开始，党中央、国务院印发了一系列防风险政策文件，其中有很多文件是为了规范地方政府、有关企业和金融机构的投融资行为，避免出现债务风险。此外，"资管新规"也是金融监管部门为了规范市场主体使用各类金融产品、避免出现系统性金融风险而出台的规章制度。

三、投融资模式

投融资模式是投融资主体按照投融资制度，从事投融资活动的具体方式，它是投资项目组织实施的方式。总体来说，投融资模式可分为投资模式和融资模式。这个分类并不是绝对的，同一种投融资模式，从不同角度看可能有不同的性质。比如，对政府来说，PPP 模式属于投资模式，但对项目来说，PPP 模式也可以视作融资模式。考虑到更好区分投融资模式，本书把与金融市场联系更加紧密的投融资模式定义为融资模式，其他投融资模式定义为投资模式。具体来看，投资模式和融资模式的主要分类如下：

一是投资模式。根据市场化程度高低，主要有政府直接投资模式，政府主导、企业投资模式，政府和社会资本合作模式，企业自主投资模式等。不同的模式中，又有很多具体的操作模式，如政府直接发起项目、政府资本金注入、特许经营、BOT、ABO 等。

二是融资模式。从本书界定的角度来看，我国基础设施项目融资工具主要来自金融市场，因此融资模式主要与金融市场相关，包括信贷市场、债券市场、股票市场和另类市场。每个市场中都有不同种类、不同特点的投融资工具，如银行信贷、各类债券、私募股权投资基金、信托、资产证券化等。

四、投融资活动

投融资活动是投融资主体按照投融资制度，从规划、决策、建设、运营等全生命周期，进行基础设施投融资的行为。从时间顺序上看，投融资活动主要包括三个阶段：

一是前期阶段。前期阶段主要是项目的谋划和决策。项目谋划过程中，需要根据重大发展战略、发展规划、产业政策等，结合项目需求、作用以及实施目标，确定项目具体内容；这实际上也是确定投资标的。项目决策过程中，需要结合各类法律法规、政策文件，特别是投资管理的有关要求，对项目内容是否合理、投资是否必要、融资是否可行等进行判断和决策。在前期阶段，投融资方案既是项目的主要内容，也是决定项目是否实施的判断依据。

二是建设阶段。建设阶段是对项目投融资方案的细化和落实，也是投融资的执行阶段。建设实施的过程直接决定了投融资活动的数量和标准。虽然前期阶段已经确定了投融资活动的具体方案，如投资规模、融资需求等，但是在建设阶段，受到施工技术、建设条件等内外部多方面因素的影响，投资规模和融资需求可能发生变化，项目内容也可能发生细微调整，这会使投融资活动产生新的要求和变化。一般来说，一个好的投融资方案应该在建设阶段保持持续性、完整性和有效性。

三是运营阶段。相对于前期阶段和建设阶段，运营阶段的投融资活动内容较少且比较单一。但是，运营效果是体现整个投融资活动水平的重要指标。一方面，在前两个阶段，如果投融资方案设计得较好，执行得比较到位，那么将对项目运营起到积极的影响，推动项目顺利运营。另一方面，运营收入是对投融资活动的回报，收入水平高低直接反映了投融资活动的最终结果。

第二节　我国投融资体系的历史演变进程

按照我国经济体制发展历程，结合投融资体系特点，可将投融资体系的历史演变进程分为三个阶段：第一阶段是改革开放前的计划经济时期，第二阶段是改革开放到 2004 年投资体制改革前的计划经济向市场经济转轨时期，第三阶段是 2004 年投资体制改革以来的市场经济逐步完善时期。

一、第一阶段

我国投融资体系第一阶段从 1949 年开始，到 1978 年党的十一届三中全会开启改革开放。该阶段投融资体系主要反映计划经济特点。在这一阶段，中央构建高度集权式的投资政策，投融资基本处于中央政府计划分配状态，投资项目决策全部实行审批制。

（一）中央政府是最重要的投融资主体

中华人民共和国成立初期，为尽快稳定和恢复国民经济，中央政府对全国的财政收支、物资调配、现金管理进行统一。在统一全国财政经济工作过程中，投融资管理高度集中统一，中央政府不仅在投资规模、布局、结构等重要工作上进行战略决策，而且直接负责项目的投资计划和安排；项目投资也通过行政管理系统分配，地方政府和企业按照国家制定的计划进行落实。即使在建设方面，中央政府也直接组建了综合性和专业性的施工队伍，并统一分配施工任务。比如，原中华人民共和国建筑工程部直接组建了若干综合性建筑安装公司，形成了 30 万人的施工队伍，中央冶金、煤炭、电力、石油、铁道、交通邮电等部门也各自组建了专业工程施工队伍，承担本系统的专业工程施工任务。

1958~1960 年，我国对经济管理体制和方式作出了比较大的调整，主要方向是由中央和中央各部门集中统一管理为主转变为以地方管理为主，即由"条条为主"转向"块块为主"，地方政府的投融资主体责任也被加强，投资计划安排、项目决策，以及人财物的支配和管理均以地方为主。1961 年 1月，中共中央作出了《关于调整管理体制和若干暂行规定》，强调经济管理的大权要集中到中央、中央局、省三级，投融资管理体制也重新恢复集中统一，中央政府的投融资主体责任被再次强化，直至改革开放。

这一时期，投融资主体呈现出单一性和行政性的特点，绝大部分的基础设施建设都由中央政府安排，地方政府和企业主要是执行计划，很少有决策权。投融资的资金大部分来自中央政府，地方政府仅掌握很小一部分自有资金，投资基础设施的能力十分有限。从企业的角度来看，基本上都是根据政府的安排参与基础设施建设。

（二）投融资实行集中统一的计划制度

改革开放前，我国基本上实行统一的投融资计划制度，包括统一的基本建设投资计划管理制度、统一的建设项目管理制度、统一的基本建设投资管理机构等。

1952 年 1 月，原政务院财政经济委员会（以下简称"原中财委"）颁发了《基本建设工作暂行办法》，对基本建设计划的编制原则、计划内容、编制方法、编制程序及计划审批等内容作出了系统规定，形成了全国集中统一的基本建设计划管理制度。这种制度具体可概况为"两上两下"模式：第一次"上"和第一次"下"是指各部门、各地区先向国家提出年度计划的安排建议，国家在各部门、各地区建议的基础上，通过初步综合平衡，提出年度基本建设控制数字，并下达给各部门、各地区；第二次"上"和第二次"下"是指各部门、各地区根据国家下达的控制数字编报计划草案上报国家，中央召开全国计划会议进行综合平衡，汇总编制全国基本建设计划，报原中央人民政府政务院（国务院前身）批准后正式下达。

《基本建设工作暂行办法》对项目建设管理也作出了较为系统的规定，形成了基本建设项目的管理制度。《基本建设工作暂行办法》规定，基本建设项目管理主要包括项目投资限额分级管理和项目建设程序管理两大方面。

其中，项目投资限额分级管理是根据项目投资额将项目分为限额以上和限额以下两种，并进一步分为甲乙丙丁四类。限额以上的甲、乙类项目由原政务院或原中财委审批；限额以下的丙类项目由中央主管部门和各大行政区审批；限额以下丁类项目由省级政府决定，并报中央有关部门备案。项目建设程序管理是指，建设项目需要经过计划任务书、初步设计、施工图设计、组织施工、竣工验收几个阶段，并按照"先勘察、后设计，先设计、后施工"的程序进行。项目投资限额分级管理和项目建设程序管理制度充分体现了项目投资建设过程的客观规律性，在之后的多年发展中不断完善，时至今日，仍然对投资项目管理具有相当重要的意义。

国民经济恢复时期，原中财委计划局代表中央人民政府主管基本建设，负责制定年度基本建设控制数字，管理国家重大建设工程。随着经济建设规模扩大，由中央决策的项目大量增加。为了适应新形势，1952年11月，原国家计划委员会成立，基本建设投资管理是其基本职能之一。1962年，在由"块块为主"的投资体制恢复集中统一管理体制过程中，国家作出规定，中央各部直属的大中型项目一律由原国家计划委员会审核，报国务院批准；地方大中型项目中的重大项目由国务院批准，其余大中型项目由原国家计划委员会批准，基本确定了原国家计划委员会对投资和项目的重要职责。之后，原国家计划委员会几经改革，形成了现在的国家发展和改革委员会，投资和项目依然是其最为重要的职责之一。

（三）投融资活动较为单一

这一阶段的投融资大部分是中央政府的财政投资，例如，"一五"时期，全国基本建设投资资金90%来自财政拨款，其中中央财政拨款占比达79%。20世纪50年代，我国政府曾发行公债用于投资基础设施项目，也接受过苏联等社会主义国家的建设项目资金援助，这些资金都由中央政府统一调配。

在基本建设资金拨付与管理制度方面，实行专门银行拨付和监督使用制度，所有的国家预算内基本建设投资，全部由交通银行进行拨付，并由银行监督使用。随着经济的发展，投资项目不断增多，基本建设投资规模不断扩大，专门由交通银行兼办基本建设资金拨付业务的做法已经无法满足国家项目投资建设的需要。为了解决这个问题，1954年，原中国人民建设（中国建设银行前身，1996年正式更名为中国建设银行）银行成立，其集中办理国家预算内基本建设资金的拨付，以及所有基本建设资金的收付往来和结算业务。

除资金拨付、收付往来和结算业务外，原中国人民建设银行还负责集中办理施工企业的流动性资金贷款业务，这是当时为数不多的融资活动之一。同时，原中国人民建设银行还对建设单位和施工企业的资金运用、财务管理、成本核算以及投资计划完成情况进行监督检查。原中国人民建设银行成立后，基本形成了统一的建设资金供应网络，实行了统一的建设银行会计、统计制度，由此确立了基本建设资金专业银行管理制度。

二、第二阶段

我国投融资体系第二阶段从1978年十一届三中全会开始到2004年，该阶段投融资体系开始从计划向市场转轨。在这一阶段，随着市场经济体制的逐步形成，投融资体系也在转轨中由高度集中的计划模式向市场模式转变，呈现出投资主体多元化、资本来源多渠道、建设实施市场化等特点。

（一）投融资主体逐渐丰富

一是地方政府成为基础设施投融资活动的重要参与者。1980年，国务院发布《关于实行"划分收支，分级包干"财政管理体制的暂行规定》，中央政府和地方政府开始划分事权、财权，直到 1994 年实施了分税制财政体制改革。1988 年国务院印发的《投资管理体制近期改革方案》明确，对重大的长期建设投资实行分层次管理。自此之后，中央政府和地方政府的分权式改革逐步推进，主要方向是地方政府的财权显著增大，各级地方政府掌握了各类政府性基金、收费、借款等财权，从而有力地推动了地方政府投融资体系的逐渐建立。

二是多种类型企业开始参与基础设施项目投资建设。①国有企业。1978~2004 年，国家陆续出台了一系列扩大企业财权和投资自主权的改革措施，不再采取"统收统支"的方式管理国有企业，逐步确立了国有企业的重要地位，由此国有企业在基础设施投融资中开始发挥重要的作用。②外资企业。转轨时期，为构建多元投融资格局，我国开始引进外资投入基础设施项目，主要集中在电厂、高速公路和水务等领域。比如，原国家计划委员会审批试行广西来宾 B 电厂、成都第六水厂、广东电白高速公路、武汉军山长江大桥和长沙望城电厂五个 BOT 试点项目，使得全国掀起通过特许经营引进外资的高潮。从外资主体来看，威立雅、苏伊士等外资企业纷纷进入中国市场，投资了大量项目。时至今日，威立雅、苏伊士等外资企业在我国水务市场中的份额依然不小。③民营企业。20 世纪 90 年代初，基础设施领域开始对内开放。许多民间资本在中央政策的鼓励和引导下，通过合资、参股等方式参与组建基础设施领域股份制企业，这些企业很快成为我国基础设施项目投资建设的重要力量。比如，1994 年开工建设的福建刺桐大桥项目，就是我国首个民营企业参与的基础设施 PPP 项目。

三是投融资主体开始市场化探索。1988 年，《国务院办公厅关于成立国家能源投资公司等六个专业投资公司的复函》中明确，同意成立国家能源投资公司、国家交通投资公司、国家原材料投资公司、国家机电轻纺投资公司、国家农业投资公司、国家林业投资公司，并同意以上六个公司在国家计划中实行单列，在涉外活动中享有一定的外事审批权。国家专业投资公司是从事固定资产投资开发和经营活动的企业，是组织中央经营性投资活动的主体，既具有控股公司的职能，使资金能够保值、增值，又要承担国家政策性投资的职能。六大国家专业投资公司成立后，中央资金尝试企业化运作。1992年出现的地方政府融资平台，将基础设施投融资的主体由地方政府变为公司，意味着投融资主体的市场化探索和多元化发展。

（二）基础设施投融资制度不断改进

转轨过程中，中央对投融资体制机制开展了一系列改革，主要包括简化项目审批手续和放宽审批权限、实行招标投标和承包责任制、实行投资有偿使用、开辟多种资金渠道等。

1. 投资管理权限不断放宽，程序不断简化

一是对重大的、长期的建设投资实行分层次管理。实行中央级、省级两级配置，两级调控。对全国重要性工程，由中央承担或以中央承担为主；地区性重点工程和一般性工程，由地方承担。对于重大能源、原材料工业基地等关系国民经济全局的重大项目，大江大河治理的骨干工程，重大农业基地和重点防护林工程，跨地区、面向全国的交通运输、邮电通信骨干设施，重大且关键的机械电子、轻纺工业项目，关键的新兴产业项目，重要的科技和文教设施，以及对经济不发达地区建设的扶持，由中央投资或以中央投资为主。对于区域性的能源、原材料工业、交通运输、邮电通信设施，农业，林业，水利，机电，轻纺工业，科技、教育、文化、卫生领域以及城市公用设施和服务设施等，由地方投资建设为主。中央和地方可以相互参股。

二是对项目按照规模划分审批权限。大中型和限额以上项目由行业归口管理部门立项。具体流程是行业归口部门根据国家中长期规划的要求，着重从建设布局、资源合理利用、经济合理性、技术政策等方面对项目建议书进行初审，提出意见并报原国家计划委员会（国家发展和改革委员会前身，以下简称原国家计委）；原国家计委从建设总规模、生产力总布局、资源优化配置、资金供应可能以及外部协作条件等方面进行综合平衡后审批。行业归口部门初审未通过的项目，原国家计委不能立项。以中央投资为主的小型和限额以下项目，且具有一定规模的，由行业归口部门按产业政策、行业发展规划和固定资产投资总规模控制额度并进行审批立项；一般小型和限额以下的项目由各国家专业投资公司审查确定。原国家计委还要审批大中型和限额以上项目的开工报告和中央投资的大中型与限额以上项目的设计任务书。

三是简化项目审批流程。1984 年 7 月，原国家计委发布《关于简化基本建设项目审批手续的通知》，实施"五道改两道"的审批制度，具体内容是将大中型项目原规定的审批项目建议书、可行性研究报告、设计任务书、初步设计、开工报告五道手续，简化为项目建议书、设计任务书两道手续。同时，将原国家计委对生产性建设项目的审批限额从总投资 1000 万元以上提高到 3000 万元以上；报国务院审批的项目，由原来的总投资 1 亿元以上提高到 2 亿元以上；经原国家计委批准的总体改造规划的大型骨干企业，其单项工程可不再报批。1987 年，国家对基础设施建设审批程序做了进一步修改，国务院颁布的《关于放宽固定资产投资审批权限和简化手续的通知》规定，对七个实行承包部门管理的"七五"计划内的基本建设大中型项目，原国家计委只审批项目建议书，将设计任务书、初步设计的审批权下放给包干部门，并将重点行业投资 5000 万元以下的项目审批权全部下放给各部门和各省（自治区、直辖市）。

2. 建设实施市场化，充分发挥市场和竞争机制的作用

一是逐步推广招标投标制度。1984 年 9 月，国务院颁发《国务院关于改革建筑业和基本建设管理体制若干问题的暂行规定》，决定实行招标投标，防止垄断、鼓励竞争，具体措施是推行工程招标承包制，改革单纯用行政手段分配建设任务的老办法。1984 年 11 月，原国家计委、原建设部发布《建设工程招标投标暂行规定》，要求"列入国家、部门和地区计划的建设工程，除某些不宜招标的特殊工程外，均按本规定进行招标"；并对招投标的范围、形式、程序和内容作出了全面规定。随着市场经济体制的逐步建立，招投标制度推广力度进一步加大。党的十四届五中全会提出，要全面推行建设项目法人责任制和招标投标制。1999 年 3 月，国务院办公厅发布了《关于加强基础设施工程质量管理的通知》，进一步要求所有基础设施项目和国家投资项目的勘察设计、工程施工、主要设备和材料采购、工程监理等都要实行公开招标投标，并强调严禁任何单位和个人以任何名义、任何形式干预招标投标活动。

二是同时推进投资项目工程监理制和包干责任制。在推行招标投标制的同时，中央也在探索和推进工程监理制和项目投资包干责任制。1983 年 5 月，原城乡建设环境保护部、原国家标准局发布《建筑工程质量监督条例》，要求各地政府根据需要和条件设立质量监督站，负责本地区建筑工程质量监督工作，工程监理雏形显现。1995 年 12 月，原建设部和原国家计委发布《工程建设监理规定》，全面明确了建设监理的职责、范围、内容，监理程序、监理单位和监理人员的资质，以及政府对监理市场和监理人员的管理等。1999 年 3 月，国务院办公厅发布《关于加强基础设施工程质量管理的通知》，

对所有基础设施项目和国家投资的项目提出了具体的监理要求，工程监理开始全面推行。同时，对国家计划确定的建设项目开始实行投资项目包干责任制。

三是实行项目法人责任制。从 1982 年开始，为加强建设项目责任约束，中央要求所有列入国家计划的建设前期工作重点项目设立项目经理，负责组织各项目前期工作，初步探索项目业主责任制度。1996 年 4 月，原国家计委颁发《关于实行建设项目法人责任制的暂行规定》，要求国有单位经营性基本建设大中型项目必须组建项目法人，实行项目法人责任制。项目法人按照国家有关规定对建设项目筹划、资金筹措、建设实施、市场经营、债务偿还和资产保值增值实行全过程负责，享有充分的自主权。推行项目法人责任制是建立投资主体地位和自我约束机制的重要措施。

3. 法律制度不断完善，投资管理不断规范

一是改进建设项目前期工作。为了避免建设项目决策的失误，提高投资综合效益，在借鉴国际上先进的技术经济评价方法基础上，我国开始推进项目可行性研究等工作。1983 年 2 月，国家计委颁布《关于建设项目可行性研究的试行管理办法》，提出项目可行性研究是建设项目前期工作的重要内容，是基本建设程序的组成部分；同时明确大中型项目的可行性研究由原国家计委审批，不附可行性研究报告不得审批设计任务书。尽管建设项目在审批程序、审批权限等方面有过多次变动，但是项目的可行性研究作为前期工作的重要环节不断得到加强，对改革投资决策体制和提高投资效果起到了积极作用。到 2002 年，我国可行性研究仅积累了 20 年的经验，为了系统总结历史经验，结合国际上投资建设项目的相关经验，原国家计委组织编写了《投资项目可行性研究指南》，对可行性研究报告的主要内容进行了规范，以更好

地指导各地方和项目单位开展可行性研究报告的编制。《投资项目可行性研究指南》总结了国内改革开放以来可行性研究工作的经验教训，借鉴了国际上可行性研究的有益经验，力求符合我国实际情况，并尽可能与国际通常做法接轨。

二是建立严格的项目评估制度。为加强项目决策的科学化和民主化管理，1985年，国家开始建立严格的项目评估制度。根据国务院提出的搞好项目决策民主化、科学化，对建设项目应先评估后决策的指示精神，原国家计委要求所有大中型项目先对可行性研究进行评估，然后由原国家计委审批，并于1986年在《国务院关于控制固定资产规模的若干规定》（国发〔1986〕74号）中对此作出了明确规定。1987年，原国家计委首次颁布了《关于建设项目经济评价方法》《建设项目经济评价参数》等文件，要求凡是新上的基本建设大中型项目和限额以上的技术改造项目，都要参照这套评价标准和评价方法进行评价。

三是实行投资项目的资本制度。改革开放后，投资项目资金逐步由财政全额拨款转变为主要依靠贷款方式进行筹集。在没有资本金制度的情况下，很多项目全部依靠负债资金建设，项目建成后由于资产负债率过高影响了正常运营，甚至导致很多贷款无法偿还；同时"无本投资"也致使了投资规模盲目扩大。为遏制这些问题，并适应建立现代企业制度的要求，1996年8月，国务院发布了《关于固定资产投资项目试行资本金制度的通知》，决定对固定资产投资项目试行资本金制度，要求投资项目必须首先落实资本金才能进行建设。该文件为后来的基础设施投融资模式发展奠定了制度基础。

（三）投融资活动中不断探索市场化投融资模式

随着投资管理模式从计划向市场转变，投融资模式也逐渐丰富。

1. 政府投融资渠道不断拓宽

从政府角度来看，改革开放后我国的基础设施投融资方式从中央政府主导计划逐步转为各级政府、各个部门和国有企业多渠道投融资。具体来看，包括以下五个方面的转变：

一是试行"拨改贷"。长期以来，我国基本建设投资实践中一直实行国家统一管理的制度，即统收统支。具体内容包括建设计划统一下达，建设投资统一分配，中央财政对基本建设资金拨款且无偿使用。统收统支的管理制度有利于集中财力、物力，保障重点建设，对经济发展起到了很好的促进作用。与此同时，其弊端在于缺少投资约束，甚至造成有关单位敞口花钱、工期拉长、比例失调、总体投资效益较低等问题。为了改变这些弊端、提高投资效益，1979 年国家开始实行"拨改贷"试点，其主要内容是坚持资金有偿使用原则，由原中国人民建设银行贷款解决原来列入国家预算由国家直接无偿拨款的基本建设投资，同时对非营业性的无偿还能力的建设项目仍实行无偿投资。最终，国家预算内直接安排的基本建设投资分成预算内拨款投资和预算内"拨改贷"投资两部分，两种资金再分列账户、分别管理、分开核算。

二是发行重点建设债券和企业债券。为更好地筹集建设资金，1987 年，国家决定委托建设银行代理发行电力、冶金、有色金属、石化重点企业债券10.3 亿元；同时，国家发行重点建设债券 55 亿元，国家建设债券 29.5 亿元，支持重点项目建设。此后，发行债券成了为基础设施项目筹集建设资金的一项重要手段。1998 年，为克服亚洲金融危机的不利影响，扩大我国内需、维持经济增长，财政部向四大国有商业银行定向发行 1000 亿元的十年期附息国债。后续每年都有长期建设国债发行，资金主要投向基础设施建设、企业技术改造、西部开发、生态建设等领域。随着国内经济复苏、通胀抬头，财政政策从积极转为稳健，长期建设国债发行规模逐年减少，2008 年后的《政府工作报告》不再提及建设国债，企业债券则一直延续至今。

三是建立中央基本建设基金制度。为了稳定筹集项目建设资金，经国务院批准，1988 年起建立中央基本建设基金制度。基本建设基金主要包括已开征的能源、交通重点建设基金中中央使用部分，已开征的建筑税中中央使用部分，铁道部包干收入中用于预算内基本建设部分，国家预算内"拨改贷"投资收回的本息及财政定额拨款。基本建设基金与财政一般性预算支出分开，由原国家计委负责编制分配计划，建设银行按计划进行拨付和监管，在财政预算中列收列支，实行专款专用、年终结转、周转使用。基本建设基金分为经营性和非经营性两类。非经营性投资主要用于中央各部门直接举办的文化、教育、卫生、科研等建设和大江大河的治理。经营性投资由原国家计委下达给国家专业投资公司，主要用于计划内的基础设施和基础工业的重点工程。经营性基本建设基金又分为软贷款和硬贷款，软贷款可用于盈利能力较弱的项目，硬贷款用于还款能力较好的项目。

四是实行"贷改投"。实行"拨改贷"后，虽然取得了一定成效，但是也在部分领域和阶段加重了企业负担。例如，天津某国营公司在投资过程中全部使用贷款进行投资，在市场利率上升后，无法正常偿还贷款，导致企业资金不足。为了改变"拨改贷"的弊端，1996 年，国家开始推进"贷改投"政策。对于基础设施等国家投资项目，国家将拨付给企业和建设单位的投资资金作为资本金，本着所有者和经营者分离的原则，由企业自主经营。对于新投资项目，如果国家投资的资本金不足，企业和建设单位可以向银行申请贷款，也可以向社会举债，还可以实行股份经营。把国家资本金改为向企业和建设单位投资，用款单位要按资金利润率和占用的资金向所有者缴纳收益，这种做法有利于增强项目建设单位的财务自我约束，也有利于提高政府投资的效益。

五是建立政策性投融资体系。1993年12月，国务院批准同意将银行政策性业务与商业性业务分离之后成立了国家开发银行，并开始制定有关政策性贷款的制度。政策性贷款支持的项目主要包括制约经济发展的"瓶颈"项目，直接关系增强综合国力的支柱产业中的重点项目，重大高新技术在经济领域应用的项目，以及跨地区的重大基础设施项目等。国家开发银行成立后，建设银行、工商银行、中国银行等开始逐步向商业银行过渡。与此同时，经国务院批准，在对原有国家六大投资公司进行重组的基础上，1995年5月，国家开发投资公司成立，其主要任务是对国家确定的政策性项目进行参股、控股投资，实现国有资产的保值增值。国家开发银行和国家开发投资公司的成立是深化投融资体制改革的一大重要举措，标志着我国政策性投融资体系的建立。

2. 金融工具不断增多

以银行信贷、证券市场为代表的金融体系逐步建立，基础设施投融资工具开始不断出现。

一是银行信贷融资渠道被打通，信贷工具逐渐完善。1979年以前，国内银行信贷只能用于流动性资金贷款，不允许用于固定资产投资；1979年开始试办少量固定资产贷款。1980年，国家安排了20亿元轻纺工业中短期专项贷款，以增加市场急需的日用消费品。这一安排打破了银行贷款不能用于中长期固定资产投资的限制，为银行信贷间接融资成为主导方式奠定了基础。之后银行信贷业务逐步扩大，并依靠其来源稳定、手续简便、灵活性强等特点受到地方政府的青睐，迅速成为基础设施建设的重要融资工具之一。

二是证券融资方式开始建立，投融资工具不断丰富。1990 年 11 月，上海证券交易所正式成立，我国股票市场由此起步，借助股票市场，许多地方政府开始了新的融资渠道，为基础设施等相关领域企业进行融资。1993 ~ 1994 年，原水股份、申通地铁等许多企业公开上市，利用资本市场融资募集项目进行投资，主要行业领域涵盖市政、交通、园区建设等。在发行股票进行融资同时，我国也开始利用债券、信托等融资方式为基础设施投资募集资金，并作出了一些有益尝试；但由于各种原因导致的风险，其发展相对缓慢。

三是创新海外融资工具，争取国际市场融资。境外融资中，利用国外贷款和赴境外发债是最为重要的两大部分。利用国外贷款既包括通过世界银行、亚洲银行争取的主权贷款，也包括通过国外商业银行、以市场化方式筹措的商业贷款。20 世纪 80 年代后期，上海市政府首次通过国际金融市场进行项目融资，之后，许多地方政府和企业纷纷争取世界银行、亚洲银行等国际性金融组织以及境外政府、海外资本市场、境外企业等融资。

3. 围绕土地使用收入探索投融资模式

一是土地使用费试征。改革开放后，一些地方政府开始尝试征收土地使用费，并将相关资金用于项目投资建设。20 世纪 80 年代中期，抚顺市首次试行征收土地使用费，开始了土地使用制度的改革实践，为我国土地使用权有偿出让融资打下了基础。

二是国有土地使用权有偿出让融资。1988 年，土地使用权的出让被写入宪法修正案和其他有关法规。1989 年，国务院要求土地使用权有偿出让收入的 40%上缴中央财政；60%留归地方财政，主要用于基础设施建设和土地开发，专款专用。自此，土地使用权出让方式逐渐成为地方政府基础设施建设融资的主要模式之一。

4. 以使用者付费为基础探索投融资模式

最典型的使用者付费领域是路桥等领域，特别是"贷款修路、收费还贷"政策对我国公路发展起到了关键作用。"贷款修路、收费还贷"政策起源于1981年广东省的探索，首个项目是107国道广深线东莞中堂大桥的全国首个路桥收费站。1984年，国务院常务会议正式决议实施"贷款修路、收费还贷"政策。1988年，原交通部、财政部、原国家物价局根据《公路管理条例》，联合发布了《贷款修建高等级公路和大型公路桥梁、隧道收取车辆通行费规定》。2004年，《收费公路管理条例》正式实施，标志着公路收费有法可依、有规可循。除公路、桥梁、隧道外，供水、污水处理、垃圾处理等市政领域收费机制也不断完善，为使用者付费投融资模式创新奠定了基础。

在使用者付费基础上，新的投融资模式开始出现，其中BOT（Build-Operate-Transfer）最具代表意义。BOT即建设—经营—转让，是企业参与基础设施建设，向社会提供公共服务的一种方式。BOT建立在项目收费基础上，通过项目运营收入获取投资回报。1995年，原国家计委首批选择了5个BOT项目试点，即广西来宾B电厂、成都自来水六厂、广东电白高速公路、武汉军山长江大桥和长沙望城电厂，为BOT模式推广提供了参考借鉴。2004年，原建设部发布《市政公用事业特许经营管理办法》，该《办法》及各地出台的特许经营条例成为BOT项目的基本法律依据。

三、第三阶段

我国投融资体系第三阶段从2004年投资体制改革开始直至现在，该阶段投融资体系发展迅速且呈现多样化。在这一阶段，随着市场经济的发展和完善、资本市场的发育，基础设施投融资模式也向市场化全面推进，各种投融资模式登上历史舞台，投融资制度不断完善、规范，投融资体系不断丰富，最终形成了以2004年出台的《国务院关于投资体制改革的决定》、2016年出台的《中共中央 国务院关于深化投融资体制改革的意见》，以及2016年和2018年分别出台的《企业投资项目核准和备案管理条例》和《政府投资条例》为主体，同时由财政、金融有关政策共同组成的投融资框架。

（一）投资管理方面

2004年7月，《国务院关于投资体制改革的决定》明确提出了改革政府对企业投资的管理制度目标，要求合理界定政府投资职能，提高投资决策的科学化、民主化水平，进一步拓宽项目融资渠道，发展多种融资方式，通过深化改革和扩大开放建立市场引导投资、企业自主决策、银行独立审贷、融资方式多样、中介服务规范、宏观调控有效的新型投资体制。在投资体制改革的推动下，企业投资的自主权不断增强，对于企业不使用政府投资建设的项目，一律不再实行审批制，并区分不同情况，实行核准制和备案制，严格限定实行政府核准制的范围。《国务院关于投资体制改革的决定》彻底改变了以往不分投资主体、不分资金来源、不分项目性质，一律由政府审批的做法。区分政府投资项目和企业投资项目，实行不同分类管理制度，从而确立了企业投资主体地位。

2010年5月，国务院发布了《国务院关于鼓励和引导民间投资健康发展的若干意见》（以下简称《若干意见》），在扩大市场准入、推动转型升级、参与国际竞争、创造良好环境、加强服务指导和规范管理等方面系统提出了鼓励和引导民间投资健康发展的政策措施，是改革开放以来国务院出台的第一份专门针对民间投资发展、管理和调控方面的综合性政策文件。在《若干意见》出台前，2005 年，国务院曾颁布《国务院关于鼓励支持和引导个体私营等非公有制经济发展的若干意见》，其被称为"非公经济 36 条"。由于《若干意见》是为贯彻落实"非公经济 36 条"而提出了新的 36 条意见，因此其又被称为"鼓励民间投资新 36 条"。

2014 年 11 月，国务院印发《国务院关于创新重点领域投融资机制鼓励社会投资的指导意见》（以下简称《指导意见》），针对公共服务、资源环境、生态建设、基础设施等经济社会发展的薄弱环节，提出了进一步放开市场准入、创新投资运营机制、推进投资主体多元化、完善价格形成机制等方面的创新措施。《指导意见》是国务院文件层面首次系统提出 PPP 模式，为后来 PPP 模式的快速发展奠定了政策基础。《指导意见》在"鼓励民间投资新 36 条"的基础上，放宽了包括民间资本在内的社会资本投资领域，对充分调动社会投资积极性，进一步打破行业垄断和市场壁垒，切实降低准入门槛，建立公平开放透明的市场规则，营造权利平等、机会平等、规则平等的投资环境发挥了重要作用。《指导意见》因此被称为"鼓励社会资本 39 条"。

2016 年 7 月，中共中央、国务院印发《中共中央　国务院关于深化投融资体制改革的意见》（以下简称《改革意见》），明确了深化投融资体制改革的重点工作：一是改善企业投资管理，充分激发社会投资的动力和活力。二是完善政府投资体制，发挥好政府投资的引导和带动作用。三是创新融资机制，畅通投资项目融资渠道。四是切实转变政府职能，提升综合服务管理水平。五是强化保障措施，确保改革任务落实到位。《改革意见》提出了不少亮点，主要包括六个方面：一是明确对投资项目审批探索建立并逐步推行首问负责制，加强政府服务。二是探索不再审批的管理模式。三是创新多评合一的中介服务新模式。四是编制三年的投资滚动计划。五是试点金融机构依法持有企业股权。六是建设投资项目在线审批监管平台。《改革意见》是改革开放 30 多年来以中共中央文件名义发布的第一个投融资体制改革方面的文件，特别是其不仅包含了投资活动的内容，而且系统性地提出了一些融资方面的意见，成为之后一个时期投融资领域推进供给侧结构性改革的纲领性文件。

《国务院关于投资体制改革的决定》《国务院关于鼓励和引导民间投资健康发展的若干意见》《国务院关于创新重点领域投融资机制鼓励社会投资的指导意见》《中共中央、国务院关于深化投融资体制改革的意见》都是在政策上对投融资制度进行了规范和完善。2016 年底出台的《企业投资项目核准和备案管理条例》和 2019 年出台的《政府投资条例》则是在法律上对投资管理制度进行了确立，我国投资管理制度从此有法可依、有章可循。

2016 年 12 月，国务院公布了《企业投资项目核准和备案管理条例》（以下简称《管理条例》），这是我国固定资产投资领域第一部行政法规，对企业投资项目核准和备案工作的范围、基本程序、监督检查和法律责任作出了统一制度安排，在规范企业投资项目核准与备案、巩固企业投资主体地位、转变政府投资管理职能方面具有重大意义。首先，《管理条例》明确了政府仅对涉及国家安全、全国重大生产力布局、战略性资源开发和重大公共利益等项目实行核准管理，其他项目一律实行备案管理；同时也明确了企业投资项目核准和备案工作的范围、基本程序、监督检查和法律责任。其次，《管理条例》通过加强投资领域法治建设，落实企业投资自主权，确立企业的投资主体地位，正确处理政府和市场的关系，使市场在资源配置中起决定性作用，并更好地发挥政府作用。最后，为进一步加快政府转变投资管理职能、推进投融资体制改革，《管理条例》将建立投资项目在线监管平台写入其中，以行政法规形式确立了在线平台的法律地位，且要求除涉及国家秘密的项目外，项目核准、备案均须通过项目在线监管平台办理。《企业投资项目核准和备案管理条例》相比于之前在该领域主要采用部门规章层级的规范性文件进行管理的效力层级更高，权威性更强。

2019 年 4 月，国务院公布了《政府投资条例》，这是在《企业投资项目核准和备案管理条例》之后投资领域又一部重要的行政法规，《政府投资条例》明确界定了政府投资范围，规范了政府投资决策程序，优化了政府投资报批流程，并对项目实施和事中事后监管作了严格规定，对于依法规范政府投资行为、充分发挥政府投资作用具有十分重要的意义。在界定政府投资范围方面，《政府投资条例》明确规定，政府投资资金应当投向市场不能有效配置资源的社会公益服务、公共基础设施、农业农村、生态环境保护、重大科技进步、社会管理、国家安全等公共领域的项目，以非经营性项目为主。政府投资的原则和基本要求方面，《政府投资条例》要求政府投资应当遵循科学决策、规范管理、注重绩效、公开透明的原则，并与经济社会发展水平和财政收支状况相适应；国家加强对政府投资资金的预算约束，政府及其有关部门不得违法违规举借债务筹措政府投资所需资金；安排政府投资资金应当符合推进中央与地方财政事权和支出责任划分改革的有关要求，并平等对待各类投资主体，不得设置歧视性条件。事中事后监管方面，《政府投资条例》规定投资主管部门和依法对政府投资项目负有监督管理职责的其他部门应当采取在线监测、现场核查等方式，加强对政府投资项目实施情况的监督检查，并建立政府投资项目信息共享机制；项目单位应当通过在线平台如实报送政府投资项目开工建设、建设进度、竣工的基本信息，并加强项目档案管理；政府投资年度计划、政府投资项目审批和实施以及监督检查的信息应当依法公开。

多个党中央、国务院文件，以及上文两个条例确定了我国固定资产投资管理的总体制度框架。其中，最核心的部分是项目审批、核准、备案制度。该制度确立后，在不断优化的过程中，总体上呈现出审核范围不断缩小、审批内容不断优化，企业自主权不断增强的特征。具体表现在以下几个方面：

一是投资审批事项不断取消、下放。2013年、2014年、2016年三次修订《政府核准的投资项目目录》，大幅取消、下放核准事项，中央层面核准的企业投资项目事项削减一半以上。同时，取消投资管理有关资质资格。2017年，取消工程咨询单位资格、中央投资项目和工程建设项目等招标代理机构资格认定；2018年12月，推动取消建设项目环境影响评价资质行政许可。截至目前，实行审批制的政府项目只占10%~15%，企业投资项目中，仅5%左右实行审核制，其他项目均实行备案制。

二是投资审批程序不断改进。大幅减少核准前置事项，只保留规划选址、用地（海）预审作为前置事项，其他需要在项目开工前完成的审批事项与项目核准并联办理。建立企业投资项目告知性备案制度，企业在开工建设前将相关法定的信息通过投资项目在线审批监管平台告知备案机关，备案机关收到全部信息后即为完成备案。统一规范审批事项和申报材料。2019年2月，国家发展改革委与15部门联合印发《关于印发全国投资项目在线审批监管平台投资审批管理事项统一名称和申请材料清单的通知》，确定了项目开工前需要办理的42项事项名称，并明确了258项申报材料，推动实现"清单之外无审批"。

三是政府审批服务不断优化。建立投资项目在线审批监管平台，减少企业现场审核，为企业减负。加强审核数据共享和业务协同，解决重复申报、多头录入的问题。指导鼓励各地创新政府服务管理方式，形成了一批可复制、可推广的典型经验。例如，广东省探索开展"区域评估"，将规划环评、能评、压覆矿、地灾等若干事项，由政府统一办理，有效压减项目落地时间；浙江省开展"标准地"改革，进一步提高土地供应效率，促进项目尽快实施；河北省依托投资在线平台建成"融资对接广场"，搭建银企对接新渠道，助力破解融资难题；山西省加强制度建设，出台关于承诺制改革的地方性法规，实现企业投资项目报建审批时间压减一半以上。

另外，2014 年 PPP 模式推广以后，PPP 项目的投资管理制度也进行了完善。

（二）财政制度方面

基础设施领域相关的财政制度主要集中在政府预算和政府债务两大方面。

1. 政府预算方面

2004 年 7 月，财政部印发《财政部关于加强政府非税收入管理的通知》，贯彻落实《中共中央关于完善社会主义市场经济体制若干问题的决定》。要求积极探索城市基础设施开发权、使用权、冠名权、广告权、特许经营权等无形资产有效管理方式，通过社会招标和公开拍卖，广泛吸收社会资金参与经营，盘活城市现有基础设施存量资产，有关招标、拍卖收入全额上缴同级国库，增加政府非税收入。该文件明确了基础设施可通过多元化收入弥补投资回报不足。

2005 年 7 月，财政部印发了《中央预算内固定资产投资贴息资金财政财务管理暂行办法》《中央预算内固定资产投资补助资金财政财务管理暂行办法》，将中央预算内固定资产投资贴息资金、投资补助资金安排的适用范围、标准、预算管理、资金拨付和财务管理等进行了明确规定。两办法明确了公益性和公共基础设施项目属于支持范围，根据国家调控宏观经济的需要和国家确定的重点进行安排资金，项目单位收到投资补助后，必须专款专用，单独建账核算，规范了财政资金的拨付、使用和管理。

2014 年 8 月，第十二届全国人民代表大会常务委员会第十次会议第一次修正了《中华人民共和国预算法》，新预算法规定，政府的全部收入和支出都应当纳入预算，改进了预算控制方式，要求建立跨年度预算平衡机制；增加了允许地方政府举借债务的规定，从法律上解决了地方政府债务怎么借、怎么管、怎么还的问题，把地方政府融资引导到阳光下，建立起规范合理的地方政府举债融资机制，防范和化解债务风险。

2014 年 9 月，国务院发布《关于深化预算管理制度改革的决定》，实施全面规范、公开透明的预算制度。该决定明确加大政府性基金预算、国有资本经营预算与一般公共预算的统筹力度，建立将政府性基金预算中应统筹使用的资金列入一般公共预算的机制，加大国有资本经营预算资金调入一般公共预算的力度。该决定还明确提出鼓励社会资本通过特许经营等方式参与城市基础设施等有一定收益的公益性事业投资和运营。

2016 年 11 月，财政部印发《地方政府专项债务预算管理办法》《地方政府一般债务预算管理办法》，将地方政府债务分类纳入预算管理，改变了以往一些地方政府通过融资平台公司举债后债务资金游离于监管之外的局面，有利于规范地方政府举债行为，实现对地方政府债务"借、用、还"的全过程监控，增强地方政府债务透明度，强化对地方政府债务管理的监督。这两个管理办法既为规范地方政府融资平台参与基础设施投融资作出了规定，也为后来发行地方政府专项债券提供了支撑。

2020 年 8 月，国务院公布修订后的《中华人民共和国预算法实施条例》

规定项目支出实行项目库管理，建立健全项目入库评审机制和项目滚动管理机制；各级政府应当加强项目支出管理，各级政府财政部门应当建立和完善项目支出预算评审制度，各部门、各单位应当按规定开展预算评审。明确各省（自治区、直辖市）的政府债务限额由财政部在全国人大或者其常委会批准的总限额内，提出方案报国务院批准；地方政府债务余额不得超出国务院批准的限额。

2. 政府债务方面

2010 年 6 月，国务院发布《国务院关于加强地方政府融资平台公司管理有关问题的通知》（国发〔2010〕19 号），2010 年 7 月，财政部、国家发展改革委、中国人民银行和原银监会印发《关于贯彻国务院关于加强地方政府融资平台公司管理有关问题的通知相关事项的通知》，要求地方各级政府对融资平台公司债务进行一次全面清理，并按照分类管理、区别对待的原则，妥善处理债务偿还和在建项目后续融资问题。明确对还款来源主要依靠财政性资金的公益性在建项目，除法律和国务院另有规定外，不得再继续通过融资平台公司融资，应通过财政预算等渠道，或采取市场化方式引导社会资金解决建设资金问题。要求财政部要会同有关部门加快建立融资平台公司债务管理信息系统、会计核算和统计报告制度，以及融资平台公司债务信息定期通报制度，实现对融资平台公司债务的全口径管理和动态监控。要求将地方政府债务收支纳入预算管理，逐步形成地方政府举债融资机制。该文件是国家层面第一个要求规范地方融资平台和地方政府债务的文件，从此也开始了基础设施项目通过举债融资的规范之路。

2012 年 12 月，财政部、国家发展改革委、中国人民银行、原银监会联合发文《关于制止地方政府违法违规融资行为的通知》，该文件是国发

〔2010〕19号后的一个重要文件，要求地方政府及所属机关事业单位、社会团体等不得以委托单位建设并承担逐年回购（BT）责任等方式举借政府性债务。对符合法律或国务院规定可以举借政府性债务的公共租赁住房、公路等项目，确需采取代建制建设并由财政性资金逐年回购（BT）的，必须根据项目建设规划、偿债能力等，合理确定建设规模，落实分年资金偿还计划。不得将政府办公楼、学校、医院、公园等公益性资产作为资本注入融资平台公司。不得将储备土地作为资产注入融资平台公司，不得承诺将储备土地预期出让收入作为融资平台公司偿债资金来源。该文件明令禁止了使用多年的BT模式，并为规范地方政府举债投资建设基础设施项目奠定了基础。

2014年9月，国务院印发《国务院关于加强地方政府性债务管理的意见》（国发〔2014〕43号），该文件对地方性债务管理、基础设施投融资影响非常大。结合修订的预算法，该文件明确地方政府举债采取政府债券方式。鼓励社会资本通过特许经营等方式，参与城市基础设施等有一定收益的公益性事业投资和运营。对地方政府债务实行规模控制和预算管理，严格限定政府举债程序和资金用途，把地方政府债务分门别类纳入全口径预算管理，实现"借、用、还"相统一。要求建立地方政府性债务风险预警机制和应急处置机制。

2017年4月，财政部、国家发展改革委、司法部、中国人民银行、原银监会、证监会联合发文《关于进一步规范地方政府举债融资行为的通知》，该文件可视作国发〔2014〕43号文的延伸、细化，是对地方频繁突破43号文的纠偏。该文件要求地方政府不得以借贷资金出资设立各类投资基金，严禁地方政府利用PPP项目、政府出资的各类投资基金等方式违法违规变相举债，地方政府及其所属部门参与PPP项目、设立政府出资的各类投资基金时，不得以任何方式承诺回购社会资本方的投资本金，不得以任何方式承担社会资本方的投资本金损失，不得以任何方式向社会资本方承诺最低收益，不得对有限合伙制基金等任何股权投资方式额外附加条款变相举债。该文件出台后在基础设施投融资领域引起了广泛关注，对基础设施领域投融资实践造成了显著影响，很多传统投融资实践方式退出了历史舞台。

2017年5月，财政部印发《关于坚决制止地方以政府购买服务名义违法违规融资的通知》，要求不得将建筑物和构筑物的新建、改建、扩建及其相关的装修、拆除、修缮等建设工程作为政府购买服务项目。严禁将铁路、公路、机场、通信、水电煤气、教育、科技、医疗卫生、文化、体育等领域的基础设施建设，储备土地前期开发，农田水利等建设工程作为政府购买服务项目。严禁将建设工程与服务打包作为政府购买服务项目。严禁将金融机构、融资租赁公司等非金融机构提供的融资行为纳入政府购买服务范围。

2017年6月，财政部发布《关于试点发展项目收益与融资自求平衡的地方政府专项债券品种的通知》（财预〔2017〕89号），优先选择土地储备、政府收费公路两个领域在全国范围内开展试点。鼓励有条件的地方立足本地区实际，围绕省（自治区、直辖市）党委、政府确定的重大战略，积极探索在有一定收益的公益性事业领域分类发行专项债券。

2019年6月，中共中央办公厅、国务院办公厅印发了《关于做好地方政府专项债券发行及项目配套融资工作的通知》，鼓励地方政府和金融机构依法合规使用专项债券和其他市场化融资方式，重点支持京津冀协同发展、长江经济带发展、"一带一路"倡议、粤港澳大湾区建设、长三角区域一体化发展、推进海南全面深化改革开放等重大战略和乡村振兴战略，以及推进棚户区改造等保障性安居工程，自然灾害防治体系建设，铁路、收费公路、机场、水利工程、生态环保、医疗健康、水电气热等公用事业、城镇基础设施、农业农村基础设施等领域，以及其他纳入"十三五"规划符合条件的重大项目建设。允许项目单位发行公司信用类债券，支持符合标准的专项债券项目。允许将专项债券作为符合条件的重大项目资本金。指导金融机构积极参与地方政府债券发行认购，鼓励资管产品等非法人投资者增加地方政府债券投资。

2020年7月，财政部印发《关于加快地方政府专项债券发行使用有关工作的通知》，规定了重点用于国务院常务会议确定的交通基础设施、能源项目、农林水利、生态环保项目、民生服务、冷链物流设施、市政和产业园区基础设施七大领域。积极支持"两新一重"、公共卫生设施建设中符合条件的项目，可根据需要及时用于加强防灾减灾建设。赋予地方一定的自主权，对因准备不足短期内难以建设实施的项目，允许省级政府及时按程序调整用途，优先用于党中央、国务院明确的"两新一重"、城镇老旧小区改造、公共卫生设施建设等领域符合条件的重大项目。各地涉及依法合规调整专项债券用途的，将省级政府批准同意的相关文件按程序报财政部备案，并在地方政府债务管理信息系统全过程登记。

（三）金融制度方面

1."资管新规"出台

2018年4月，中国人民银行、原银保监会、中国证监会、外汇局联合印发《关于规范金融机构资产管理业务的指导意见》，统一同类资产管理产品监管标准，有效防控金融风险，引导社会资金流向实体经济。金融机构不得为资产管理产品投资的非标准化债权类资产或者股权类资产提供任何直接或间接、显性或隐性的担保、回购等代为承担风险的承诺。金融机构应当做到每只资产管理产品的资金单独管理、单独建账、单独核算，不得开展或者参与具有滚动发行、集合运作、分离定价特征的资金池业务。该文件对公募产品、私募产品、固定收益类产品、权益类产品、商品及金融衍生品类产品、混合类产品等信息披露和投资风险提示作出要求。

2018 年 7 月，中国人民银行印发《关于进一步明确规范金融机构资产管理业务指导意见有关事项的通知》，明确在过渡期内，金融机构可以发行老产品投资新资产，优先满足国家重点领域和重大工程建设续建项目以及中小微企业融资需求。

"资管新规"出台之前，基础设施项目投资中的资本金有很多是通过各类资产管理产品筹集。"资管新规"严格禁止了通过"资金池"和"期限错配"为基础设施进行融资的方式，对基础设施项目投资资本金筹集影响很大。再加上 2018 年 3 月财政部印发《关于规范金融企业对地方政府和国有企业投融资行为有关问题的通知》，要求国有金融企业应严格落实《中华人民共和国预算法》和《国务院关于加强地方政府性债务管理的意见》（国发〔2014〕43 号）等，除购买地方政府债券外，不得直接或通过地方国有企事业单位等间接渠道为地方政府及其部门提供任何形式的融资，不得违规新增地方政府融资平台公司贷款。不得要求地方政府违法违规提供担保或承担偿债责任。不得提供债务性资金作为地方建设项目、政府投资基金或政府和社会资本合作（PPP）项目资本金。这些政策措施的出台，迫使基础设施加速创新投融资模式。

2. 证券化创新加速

2016 年 12 月，国家发展改革委、中国证监会印发《关于推进传统基础设施领域政府和社会资本合作（PPP）项目资产证券化相关工作的通知》，要求各省级发展改革委与中国证监会当地派出机构及上海证券交易所、深圳证券交易所等单位应加强合作，充分依托资本市场，积极推进符合条件的PPP项目通过资产证券化方式实现市场化融资，更好地支持传统基础设施项目建设。优先选取主要社会资本参与方为行业龙头企业，处于市场发育程度高、政府负债水平低、社会资本相对充裕的地区，以及具有稳定投资收益和良好社会效益的优质PPP项目开展资产证券化示范工作。鼓励支持"一带一路"建设、京津冀协同发展、长江经济带建设，以及新一轮东北地区等老工业基地振兴等国家发展战略的项目开展资产证券化。2017年10月，上海证券交易所、深圳证券交易所发布《政府和社会资本合作（PPP）项目资产支持证券挂牌条件确认指南》，明确证券公司、基金管理公司子公司作为管理人，可通过设立资产支持专项计划开展资产证券化业务，以PPP项目收益权、PPP项目资产、PPP项目公司股权等为基础资产或基础资产现金流来源所发行资产支持证券。PPP项目资产证券化为基础设施领域不动产投资信托基金（REITs）的出台奠定了基础。

2020年4月，中国证监会、国家发展改革委出台了《中国证监会、国家发展改革委关于推进基础设施领域不动产投资信托基金（REITs）试点相关工作的通知》，首次推出了"中国REITs"。此次REITs重点聚焦基础设施领域，真正打通了基础设施投融资的"募投管退"全生命周期，对基础设施投融资创新具有革命性的重要意义。2020年7月，国家发展改革委发布《关于做好基础设施领域不动产投资信托基金（REITs）试点项目申报工作的通知》，要求准确把握试点项目的地区和行业范围，确保试点项目满足基本条件。2020年8月，中国证监会发布《公开募集基础设施证券投资基金指引（试行）》，规范公开募集基础设施证券投资基金设立、运作等相关活动，保护投资者合法权益。2021年1月，国家发展改革委发布《国家发展改革委办公厅关于建立全国基础设施领域不动产投资信托基金（REITs）试点项目库的通知》，切实加强基础设施 REITs 试点项目储备管理。同年同月，上海证券交易所、深圳证券交易所相继发布《公开募集基础设施证券投资基金（REITs）业务办法（试行）》《公开募集基础设施证券投资基金（REITs）规则适用指引第 1 号——审核关注事项（试行）》《公开募集基础设施证券投资基金（REITs）规则适用指引第 2 号——发售业务（试行）》，规范公开募集基础设施证券投资基金上市审核、发售认购、上市交易、收购及信息披露等业务活动。中国证券业协会发布《公开募集基础设施证券投资基金网下投资者管理细则》，规范网下投资者参与公开募集基础设施证券投资基金网下询价和认购业务。2021 年 7 月，国家发展改革委发布《关于进一步做好基础设施领域不动产投资信托基金（REITs）试点工作的通知》，拓展基础设施 REITs 试点范围，要求未来三年净现金流分派率原则上不低于 4%。

第三节　我国投融资体系现状

一、投融资主体

经过多年发展，我国基础设施投融资主体从中央政府高度计划发展到多元化主体并存。每一个主体在基础设施投融资活动中的角色、作用都有所不同。

（一）中央政府

中央政府在投融资活动中主要承担以下三个方面的角色：

一是发起和推动国家级重大项目和工程。目前，我国绝大部分项目都由省级及以下、县级以上政府安排。但涉及跨区域、影响重大的基础设施项目，也是由中央政府推动或发起，甚至直接进行项目投资。例如，南水北调工程、三峡工程、港珠澳大桥、能源安全、粮食储备与安全等基础设施建设。

二是直接建设本级基础设施项目。中央政府的很多部门在日常运作中，也需要建设一些基础设施来保障其职责的发挥。比如，适应数字化、信息化发展需要，很多中央政府部门需要建设专门数字化、信息化系统，相应的项目便是由中央政府有关部门直接建设实施；又如，国家大剧院也是由中央政府有关部门建设的基础设施。

三是通过资本安排等多种方式支持地方基础设施项目建设。为支持地方基础设施建设，中央政府每年都会安排许多资金给地方政府。这些资金主要由国家发展改革委和财政部进行安排。2024 年国家发展改革委负责中央预算内投资安排规模有 7000 亿元，其中大部分都是为了支持地方基础设施项目建设，对推动基础设施建设起到了十分积极的支撑作用。

（二）地方政府

地方政府既是基础设施项目的直接承担者，也是国家政策的执行者和本地区投融资政策的制定者。

目前，省级政府、市级政府、县级政府按照职责范围，分别发起、推动或直接参与本级基础设施项目建设，是我国基础设施投融资活动的主要主体。同时，地方政府作为我国行政管理体系的主要组成部分，承担了贯彻落实中央投融资政策的职责，是许多投融资政策的执行者。此外，由于我国幅员辽阔，每个地方的经济社会发展、资源禀赋不同，各个地方政府也会结合本地实际，出台一些特色化基础设施投融资政策，对本地区基础设施投资建设进行规范、引导和监管。

从项目的发起和推动来看，很多地方政府每年都会发布本地区的重点项目清单。比如，最近云南省发改委发布了《云南省 2022 年度省级重大项目清单》和《云南省 2022 年度"重中之重"项目清单》，其中包括重大项目 1200 余个，涉及新能源、新材料、农业、数字经济、生物医药等产业领域；104 个项目进入"重中之重"项目清单，包括德方纳米磷酸铁锂配套 2 万吨补锂剂项目、云南云上云 5G 大数据产业园、瑞丽至孟连高速公路等。

从贯彻落实投融资政策看，2016 年出台了《中共中央　国务院关于深化投融资体制改革的意见》后，各省级政府也都出台了投融资方面的政策文件贯彻落实。国务院办公厅印发《国务院办公厅关于进一步盘活存量资产扩大有效投资的意见》后，许多地方政府纷纷抓紧研究出台有关落实文件，形成自上而下的制度体系。

（三）企业

按照所有制的性质不同，参与基础设施投资建设的企业可分为中央企业、地方国有企业、民营企业和外资企业四大类型。

中央企业作为基础设施投融资的主要主体，为我国基础设施建设做出了巨大贡献。参与基础设施投融资的中央企业主要分两大类。一是在基础设施特定领域承担专业投资建设运营功能的企业，如铁路领域的国家铁路集团，通信领域的中国铁塔集团、中国移动、中国联通、中国电信等；三峡集团、南水北调集团也在水利和发电领域承担了重要角色。二是通过市场化竞争方式参与基础设施领域投融资的央企。此外，还有一些综合性央企广泛参与了各类基础设施投融资活动，如招商局集团，其不仅参与了物流仓储、产业园等领域的基础设施建设，也是我国产业、金融领域的重要投资机构。

地方国有企业是参与基础设施投资建设最多的企业，特别是地方平台公司承担了地方基础设施建设的主要职责。与中央企业相比，地方国有企业投资集中在本地区，也有一些地方国有企业通过较高的技术水平和管理水平，成为全国性投资人。与中央企业相比，地方国有企业最大的特点是有的企业承担了政府平台公司的职能，特别是在平台公司转型之前，大量的地方国有企业承担了地方政府的投融资主体功能。

民营企业也是基础设施投融资活动的重要参与主体。与中央企业和地方国有企业相比，民营企业参与新建基础设施项目的难度相对较大，但在盘活存量资产方面，民营企业凭借着较高的创新能力和运营管理水平，拥有较好的优势。此外，民营企业参与基础设施项目投资建设主要集中在光伏、风电、大数据中心、仓储物流等市场化程度较高的基础设施领域。此外，在水务、垃圾处理和焚烧发电等领域，也存在许多专业水平较高的民营企业。

外资企业在20世纪80年代就开始参与我国基础设施的投资建设，并一度凭借着技术优势在污水处理等领域成为重要参与主体。随着我国基础设施投资建设企业的不断发展，外资企业在国内基础设施投资建设中并没有突出优势。

（四）金融机构

金融机构为基础设施项目提供资金融通服务。目前，我国已经形成了完整的金融体系，包括银行、信托公司、证券公司、基金公司等多方面主体。

银行是我国金融机构中最大的一类主体，包括国家开发银行、中国农业发展银行、中国进出口银行三大政策性银行，中国工商银行、中国建设银行、中国农业银行、中国银行、中国交通银行、中国邮政储蓄银行等国有大型商业银行，招商银行、中信银行、民生银行、光大银行等全国性股份制银行，以及地方性商业银行等。

信托公司以信任委托为基础，开展信托存款、信托贷款、信托投资、财产信托等信托业务，委托存款、委托贷款、委托投资等委托业务，以及代理、租赁、咨询等其他业务。目前，我国规模较大的信托公司有中信信托、光大信托、华能信托、中融信托、五矿信托、华润信托等。

证券公司是经营证券交易的公司，在基础设施投融资中主要扮演上市、交易等中介服务职能。根据中国证券业协会公布的数据，2022 年，我国共有140 家证券公司，实现营业收入 3949.73 亿元，行业总资产 11.06 万亿元，净资产 2.79 万亿元。从总资产规模来看，排名较为靠前的证券公司有中信证券、华泰证券、国泰君安、招商证券、申万宏源等。

基金公司主要从事投资业务，包括私募基金和公募基金。私募基金主要以非公开形式募集资金，并投资于上市或未上市公司股权。公募基金主要以公开形式募集资金，且主要投资于标准化产品。根据中国基金业协会公布数据，2022 年我国私募股权投资基金管理人共计约 2.4 万家，已备案私募股权投资基金约 14.5 万只，规模超 20 万亿元。与私募基金相比，公募基金规模更大。截至 2023 年底，公募基金资产管理规模达到 27.6 万亿元。其中管理规模排名靠前的有易方达基金、华夏基金、广发基金、富国基金等。

除了以上几类金融机构主体外，我国金融市场还存在大量的保险资管、财富管理、融资租赁等主体。

（五）第三方服务机构

第三方服务机构主要包括施工企业、咨询公司、招标代理机构、设计公司、监理公司，以及律师事务所、会计师事务所、资产评估等中介机构。施工单位主要为基础设施项目提供建设任务，获取施工利润。咨询公司主要为基础设施项目提供智力服务，帮助更好策划、实施项目。招标代理机构主要提供招投标代理服务。设计公司重点帮助基础设施项目做好图纸、技术等方面的设计工作。监理公司主要负责基础设施工程质量的监督管理。律师事务所、会计师事务所和资产评估公司也在项目中发挥着相应的作用。

二、投融资制度

目前，我国已经形成了一套相对完整的投融资规章制度及政策体系。从 2004 年国务院出台《企业投资项目核准和备案管理条例》开始，逐步形成了以党中央、国务院印发的两部纲领性文件为龙头，以两部行政法规为支撑，以若干部门规章、地方性法规和规范性文件为配套的"覆盖全面、有序衔接、纵横联动"的投融资核心制度。

一是两部纲领性文件为投融资制度指明了大趋势、大方向。《国务院关于投资体制改革的决定》明确了深化投资体制改革的指导思想和目标，确立了企业的投资主体地位，提出了延续至今的审批、核准、备案制度，为投资项目管理奠定了基础。《中共中央　国务院关于深化投融资体制改革的意见》，以投资领域"放管服"改革为主线，确立了新时代深化投融资体制改革的总体目标，并明确了主要任务举措。

二是两部行政法规为投融资制度奠定了法律地位。《企业投资项目核准和备案管理条例》规范政府对企业投资项目的核准和备案行为，落实企业投资自主权。其中，政府仅对涉及国家安全、全国重大生产力布局、战略性资源开发和重大公共利益等项目实行核准管理，其他项目一律实行备案管理。《政府投资条例》对政府投资项目的决策、建设实施、监督管理等作出制度性安排，明确政府投资资金应当投向市场不能有效配置资源的社会公益服务、公共基础设施、农业农村、生态环境保护、重大科技进步、社会管理、国家安全等公共领域的项目，以非经营性项目为主。这相当于限定了政府可投资范围，进而鼓励企业投资更多领域。两个《条例》是加强投资管理的基础性法规制度，实现了投资项目管理全覆盖，改变了以往我国投资管理长期无法可依的局面，标志着投资管理纳入法治化轨道。

三是若干配套部门规章、地方性法规和规范性文件与前面4份文件一起构建了投资制度框架。国家发展改革委层面，2016年以来，出台了7件部门规章、20余部规范性文件，涵盖了投资决策、资金安排和管理、咨询评估、监督管理等方面。地方层面，在国家发展改革委的积极指导和督促下，各地方出台相应的地方性投资管理法规和管理办法，形成了上下协同、有效联动的投资管理法规制度体系。

上述核心制度建立后，基础设施项目的立项决策已经成熟。审批制适用于政府投资项目，这类项目是政府作为投资人实施的项目，需要政府履行投资人职责，对项目进行论证、把关。核准制适用于企业不使用政府资金投资建设的重大项目和限制类项目，这类项目是企业出钱，并由企业充当投资主体，但因涉及重大公众利益，政府需要履行公共管理职能，从维护社会公共利益角度进行核准，核准制项目由国家发改委定期颁布的《政府核准的投资项目目录》确定。备案制适用于企业投资的中小项目，即对于《政府核准的投资项目目录》以外的企业投资项目实行备案制。从审核内容和程序环节上看，审批制是对投资项目的全方位审批，一般要经过项目建议书、可行性研究报告、初步设计等多个环节。核准制只是政府从社会和经济公共管理的角度审核，不负责考虑企业投资项目的市场前景、资金来源、经济效益等因素。备案制不审核，备案机关收到规定的全部信息即为备案。核准制、备案制只有项目申请核准或备案一个环节。

与此同时，我国宏观政策和有关领域政策，也对投融资有关活动作出了支撑或规范，为投融资政策体系提供了有益补充。

一是宏观调控方面的政策。国家重大战略对我国发展的整体性、区域性政策等有重大影响。基础设施项目自身往往具有战略性，必须着眼服务和融入国家重大战略，符合重大战略要求。比如，碳达峰和碳中和战略意味着我国经济社会的低碳化发展，作为基础设施发展的支撑，基础设施的投资、建设和运营也必须符合碳达峰和碳中和发展战略和相关政策要求。再如，京津冀协同发展、长江经济带发展、粤港澳大湾区建设、长三角一体化发展、海南全面深化改革开放、黄河流域生态保护和高质量发展等国家重大区域战略以及相关政策文件中，都对基础设施提出了详细的要求，在基础设施的投融资过程中，需要符合这些规划、政策等要求。

二是财政方面政策。财政政策主要是规范基础设施投融资活动中的政府资金投入的行为。当前，我国财政政策的基本制度主要在《中华人民共和国预算法》中体现，对基础设施投融资影响最大的则是防范地方政府隐形债务风险系列政策文件。《中共中央 国务院关于防范化解地方政府隐性债务风险的意见》首次界定了地方政府隐性债务的内涵，重点强调严禁违规增加隐性债务。此后一段时间内关于规范化解隐性债务的政策文件频出，且主要以"控增化存"作为管控导向。同时，多个省份也陆续制定了具有针对性的隐性债务化解方案，新增隐性债务已成为地方政府不可触碰的红线和高压线。在防风险政策出台前，基础设施项目中的许多资本金来源于地方政府或由地方政府担保融来的资金，防风险政策的出台，在很大程度上降低了基础设施项目资本金的融资空间，也为基础设施投融资规范化发展指出了明确方向。

三是金融方面的政策。在推动金融服务实体经济的宏观要求下，金融政策对基础设施的投融资发展总体上起到了十分积极的作用。一方面，在中央和各部委的金融文件中，大力鼓励金融机构、金融市场支持基础设施项目融资，引导金融资金支持基础设施项目建设。另一方面，金融市场本身也在各项政策和规章制度的引导下不断创新和丰富投融资工具，满足基础设施项目投融资需要。比如，2022 年 5 月 31 日，国务院发布《国务院关于印发扎实稳住经济一揽子政策措施的通知》，明确加大金融机构对基础设施建设和重大项目的支持力度，并具体要求政策性开发性银行要优化贷款结构，投放更多更长期限贷款；引导商业银行进一步增加贷款投放、延长贷款期限；鼓励保险公司等发挥长期资金优势，加大对水利、水运、公路、物流等基础设施建设和重大项目的支持力度。

此外，国土、生态环保等领域也存在一些与投融资密切相关的政策。

三、投融资模式

目前，在基础设施项目投资建设的不断探索中，我国已经发展出了丰富的投融资模式。根据市场化程度的高低，主要有政府直接投资模式，政府主导、企业投资模式，政府和社会资本合作模式，企业自主投资模式等。

政府直接投资模式主要运用于公益性基础设施项目，包括医院、图书馆、市政道路等。这些项目虽没有收益，但在经济社会中发挥了十分重要的作用，需要由政府直接出资建设。

政府主导、企业投资模式主要运用于一些自然垄断型基础设施项目，如电信、铁路等。这些项目涉及国民经济命脉，需要政府发挥主导作用，同时这些项目又有一定的收益属性，可以由企业投资建设。

政府和社会资本合作模式主要运用于具有一定收益且需要政府提供一定监管和支持的基础设施项目。与前两种模式相比，政府和社会资本合作模式的市场化程度相对更高，能够积极吸引社会资本参与相关项目建设，提高项目投资建设运营效率。

企业投资模式主要运用于市场化程度较高的仓储物流、大数据中心、光伏发电以及部分产业园区基础设施项目。这些项目大多具有较好收益，且无须政府进行过多干预，能够充分发挥企业积极性，采取企业直接投资方式。

此外，在不同的主要投融资模式中，还存在许多具体的操作模式，比如政府出资引导投资基金，以及 ABO、EPC+F、EOD、TOD、股权合作、片区开发等各类新型投融资模式等。

四、投融资工具

从资金融通的角度来看，我国基础设施项目投融资工具主要来自金融市场，包括信贷市场、债券市场、股票市场和另类市场。每个市场中都拥有不同种类、不同特点的投融资工具。

信贷市场是基础设施项目的主要融资渠道，无论是规模还是占比都很大。信贷市场中，用于基础设施投融资的工具有商业银行贷款、政策性银行贷款、信托贷款、银行自有资金投资、私人财务管理资金投资、信用债券等。在资管新规出台之前，还存在大量的公募理财产品投资基础设施项目，是基础设施项目资本金融资的重要工具。信贷市场投融资工具主要通过银行的各类渠道（含子公司）为基础设施项目提供投融资，也有不少通过信托公司渠道。信贷市场投融资工具绝大部分属于债务型投融资工具，也存在如银行理财公司自有资金或股权投资基金等少量的权益型工具。信贷市场的主要监管部门是中国人民银行和国家金融监管总局。根据中国人民银行公布的数据，2022年全年新增人民币贷款 21.31 万亿元。

债券市场也是基础设施项目的重要融资渠道，规模和占比仅次于信贷市场。债券市场中，用于基础设施投融资的工具主要是各类债券，包括政府债券、企业债券、金融债券、各类票据、资产证券化等。每一大类债券中又存在很多种类的具体产品，如资产证券化中有信贷资产证券化产品、应收账款资产证券化产品、资产支持票据（ABN）、抵押贷款支持证券（CMBS）等。债券市场投融资工具绝大部分通过证券交易所和银行间市场两大渠道为基础设施提供投融资。与信贷市场相似，债券市场绝大部分也属于债务型投融资工具。目前，我国债券市场监管部门主要有中国人民银行和中国证监会，分别就银行间债券市场和交易所公司债券进行监管。根据中国人民银行公布的数据，2022 年，债券市场共发行各类债券 61.9 万亿元，其中银行间债券市场发行债券 56 万亿元，交易所市场发行 5.8 万亿元；债券市场托管余额 144.8 万亿元。

股票市场为基础设施项目投融资也提供了有力工具。股票市场的投融资工具主要分为两大类。一是针对基础设施投资企业的融资工具，主要是股票发行、定向增发等，为企业投资基础设施项目提供融资。二是针对基础设施项目的融资工具，主要是资产并购重组、资产注入上市公司和 REITs 等。股票市场投融资工具基本上都是权益型工具。我国股票全部在证券交易所交易，包括上海证券交易所、深圳证券交易所，以及新成立的北京证券交易所，股票市场监管部门是中国证监会。截至 2022 年，我国股票市场流通总市值超过 66 万亿元，其中上海证券交易所股票流通总市值接近 40 万亿元，深圳证券交易所股票流通总市值超 26 万亿元。特别值得单独说明的是 2021 年国家发改委和中国证监会推出的基础设施 REITs 产品，也在证券市场公开发行上市，其本质是基础设施项目资产的上市，弥补了资本市场对基础设施融资功能的不足，打通了基础设施项目募投管退全流程，为基础设施项目交易提供了定价的"锚"，提高基础设施资产流动性，助推基础设施投融资发展进入新的阶段。

另类市场规模相对较小，但也有许多为基础设施项目提供投融资服务的工具。特别是基础设施项目资本金融资中，另类市场的私募股权投资基金、保险资管计划、券商和基金子公司的私募产品等，仍然是目前基础设施项目资本金融资的重要工具。在资管新规出台之前，各类资管产品规模逐年迅速扩大，主要目的是为基础设施项目和房地产项目进行资本金融资。另类市场中大部分投融资工具属于权益型，也存在一些私募债权计划等债务型投融资工具。目前，我国私募股权投资基金规模已经超过 11 万亿元，其中既包括中国 PPP 基金、国家绿色发展基金等中央政府引导基金、各级地方政府引导基金，也包括大量的市场化投资基金和专业化投资基金等。

第二章　投融资新趋势、新思路

随着投融资理念更加成熟，投融资模式逐步丰富，我国投融资发展也呈现出一些新的趋势，如不同区域、不同行业、不同类型的项目将采取更加匹配的投融资模式，同样的项目将采取更加市场化方式实施，以提高项目实施效率和质量。同时，投融资也将与低碳化、数字化、存量化等经济社会发展趋势紧密融合。本章以市场化、低碳化、存量化三大趋势为重点，讨论投融资发展新趋势、新思路。

第一节　投融资市场化发展

基础设施作为支撑经济社会发展的基础，与产业、金融、商业、技术等各个领域密不可分。市场化机制不断完善，基础设施也将充分利用市场化机制，能更好地融合各个领域资源。

一、投融资与产业融合

基础设施为产业项目落地提供了支撑，而产业项目产生的综合效益可以进一步对基础设施项目收益进行反哺。基础设施与产业融合发展的典型案例是产城融合。在这种模式下，企业先通过投资城市基础设施，完善配套服务，形成固定的城镇化区域，进而通过招商引资吸引产业进驻。在产业发展的过程中，为地方政府带来的税收通过合适渠道返还至企业，以满足企业的投资回报。在这类项目实施过程中，政府完成了基础设施的建设，有利于更好地提供公共服务；企业完成了项目投资，获取了合理的投资回报；地方产业得到了发展，居民就业和收入都将得到提升。可以看出，这类模式符合参与各方的利益，因此能够调动各方积极性，并通过市场化机制提高各方面效率和综合效益。

河北省固安工业园区新型城镇化项目是一个比较典型的产城融合项目。该项目中，固安县政府与企业签订特许经营协议，共同成立项目公司，并由企业向项目投资投入注册资本金与项目开发资金。项目公司作为投资及开发主体，负责固安工业园区的设计、投资、建设、运营、维护一体化市场运作。固安工业园区管委会履行政府职能，负责决策重大事项、制定规范标准、提供政策支持，以及基础设施及公共服务价格和质量监管等，以保证公共利益最大化。

固安工业园区新型城镇化项目中，社会资本回报来源以固安工业园区增量财政收入为基础，地方政府不承担债务和经营风险。社会资本通过市场化融资、市场化运营，以固安工业园区整体经营效果回收成本，获取企业盈利，同时承担政策、经营和投融资等风险。这种模式能较好地将基础设施投资建设和产业开发相结合，利用产业收入满足基础设施项目投资回报，将公益性项目与产业结合，由于有了产业收入，社会资本有动力参与，且产业收入与企业招商引资直接挂钩，相当于在基础设施领域引入了市场化机制。

投融资与产业融合既符合经济发展的一般规律，又结合了基础设施的基本功能和产业的发展特点，将两者组合成有机统一体。基础设施的支撑能力与产业发展的收入相挂钩，相当于在基础设施投融资中引入了市场化机制，有利于提高投融资效率。在基础设施高质量发展中，与产业的融合将成为重要的新思路之一。

二、投融资与资本市场融合

资本市场是金融服务实体经济的载体，能够为基础设施项目提供资金。反过来，基础设施项目也为资本市场的投资者提供了丰富的资产。基础设施投融资与资本市场的融合有很多种方式，包括 IPO、ABS、REITs。特别是2016 年以来，PPP 项目资产证券化、基础设施 REITs 等金融产品推出，标志着基础设施投融资与资本市场融合越来越深。

（一）PPP 项目资产证券化

PPP 项目资产证券化是以 PPP 项目基础资产所产生的现金流为偿付支持，通过设立特殊目的载体（SPV），采用结构化等方式进行信用增级，在此基础上发行资产支持证券（ABS）的业务活动。2016 年，国家发改委和中国证监会联合印发《关于推进传统基础设施领域政府和社会资本合作（PPP）项目资产证券化相关工作的通知》，推进传统基础设施领域 PPP 项目资产证券化工作，开启了基础设施投融资与资本市场深度融合新篇章。

PPP 项目资产证券化政策推出后，得到了市场的积极响应。文件印发不到 3 个月，各地区共上报 PPP 资产证券化项目 41 单，其中污水垃圾处理项目 21 单，公路交通项目 11 单，城市供热、园区基础设施、地下综合管廊、公共停车场等项目 7 单，能源项目 2 单。文件印发不到 5 个月，首创股份污水处理 PPP 项目、网新建投庆春路隧道 PPP 项目、华夏幸福固安工业园区新型城镇化 PPP 项目、广晟东江环保虎门绿源 PPP 项目 4 个首批 PPP 项目资产证券化产品挂牌上市。

PPP 项目资产证券化产品的上市对基础设施投融资发展，特别是 PPP 项目发展具有十分积极的作用。我国 PPP 模式应用在基础设施和公共服务领域，PPP 项目基本上是基础设施和公共服务项目。一般来说，PPP 项目运营时间很长，很多项目长达 20～30 年，其间社会资本很可能有提前退出的需求。同时，PPP 项目退出渠道狭窄，资产流动性低，影响了社会资本参与 PPP 项目的积极性。通过 PPP 项目资产证券化，可以依托资本市场，丰富 PPP 项目投资退出渠道，提高 PPP 项目吸引力。

PPP 项目资产证券化不仅为 PPP 项目通过资本市场融资提供了工具，而且也为基础设施项目资产证券化打开了空间。

（二）基础设施 REITs

PPP 项目资产证券化属于债权型融资工具，在基础设施企业杠杆率高企的背景下，债券型融资工具发展空间相对有限，权益型融资工具需求更大。为了满足基础设施项目的权益型投融资需求，2020 年，在 PPP 项目资产证券化基础上，国家发改委、中国证监会又联合推出了基础设施 REITs 政策。

基础设施投资规模普遍较大，基础设施企业持有很多重资产，对现金流要求高，资金链紧绷，财务风险较大。由于缺乏畅通的退出渠道和流动性工具，很多基础设施投资企业只能高杠杆、重资产运作。基础设施 REITs 是基础设施资产的上市，与其他资产证券化方式相比，基础设施 REITs 最大的两个特点是权益属性和公开募集。权益属性能够帮助企业实现降杠杆，公开募集大幅提高资产权益流动性，为资产进行准确定价。两者相结合真正实现了基础设施项目投融资的退出，打通了基础设施投、融、管、退的最后一环，也是最关键一环。因此，基础设施 REITs 是基础设施项目与资本市场的完美结合方式，在基础设施投融资发展进程上具有里程碑的意义。

基础设施 REITs 不仅为基础设施项目提供了良好的投融资工具，对资本市场长期健康发展也具有重要意义。基础设施 REITs 作为基础设施项目与资本市场对接的重要工具，打通了我国实体经济对接资本市场的持续性通道。作为基础设施领域的重大投融资创新，基础设施 REITs 也有利于推动构建多层次资本市场，是资本市场供给侧结构性改革的重要举措。同时，基础设施 REITs 还有利于缓解我国资本市场间直接融资占比低、股权融资占比低的问题。目前，我国资本市场直接融资占比仅为 13% 左右，股权类直接融资还不到 4%。基础设施 REITs 作为重要的直接融资工具，同时又是权益型融资工具，发展基础设施 REITs 能够有效缓解直接融资，特别是股权融资占比低的问题。

此外，基础设施 REITs 利用资本市场资源，大幅提高基础设施管理和运营综合效率。从内在动力看，REITs 作为一种公开的募资方式，通过募集投资人的资金来购买基础资产，对基金管理人提出了比较高的要求。基金管理人代表投资人管理资产，为了获得良好的市场口碑，取得长期可持续的发展，基金管理人有管理好基础设施资产的内在动力，努力提升项目收益和资产价值。从外在压力看，基础设施 REITs 实现公开上市后，信息披露必须规范完整、公开透明，可以给基础设施的运营管理方形成更大的外部监督压力，有利于迫使企业建立精细化、市场化的经营管理机制，提高运营管理效率。

从 PPP 项目资产证券化和基础设施 REITs 的内容、特征和发展来看，基础设施投融资与资本市场的融合不仅有利于为基础设施项目提供丰富的投融资工具和渠道，实现基础设施数量上的发展，也有利于发挥资本市场资源优势，提高基础设施投融资效率，不断提升基础设施发展质量。与此同时，基础设施投融资与资本市场融合对资本市场持续健康发展也起到了重要的促进作用。在这些背景下，投融资与资本市场融合发展也将成为未来的趋势。

三、投融资与商业创新融合

基础设施项目一般具有一定的公益属性，项目本身运营的直接收益相对较低，这对基础设施项目投融资发展形成了较大制约。然而，基础设施项目存在许多的外部效益、间接效益，有的效益水平还很高。通过商业创新挖掘基础设施项目的外部效益、间接效益，提高项目投资回报水平，对促进基础设施投融资发展具有十分重要的意义。基础设施商业创新的模式和方式很多。本书通过以下两个案例对此进行阐述。

（一）德国公共厕所项目案例

德国厕所大王汉斯·瓦尔运作的德国公共厕所项目是一个典型的将纯公益项目成功运作成商业项目的例子。德国政府在拍卖德国公共厕所经营权时要求公共厕所必须供市民免费使用，由此使得该项目本身不会有直接收益。但是，汉斯·瓦尔仍然花 4000 万美金拍得德国柏林公共厕所的经营权。根据德国政府硬性要求：城市的繁华地段每隔 500 米应有一座公厕；一般道路每隔 1000 米应建一座公厕；其他地区每平方公里要有 2~3 座公厕；整座城市拥有公厕率应为每 500~1000 人一座。由此有人测算，以每人每次 0.5 欧元计算，单柏林一个城市而言，汉斯·瓦尔每年都要赔掉100万欧元。

然而，汉斯·瓦尔通过商业创新和运作，不但没有亏损，反而年入3000万欧元，其主要收入便是公共厕所的广告运营。汉斯·瓦尔在柏林根据地段要求，建立大大小小的公厕，聘请日本、意大利专业设计师保证每一座公厕不尽相同，且趣味性十足，特别是男性公厕，结合了动漫、模特等元素，延长市民在公厕的停留时间，同时组建清洁团队，每天不间断地检查，有问题立即整修，时刻保持公厕的可使用性。在精心运营下，柏林公厕大受市民欢迎，人流量越来越大，还有人只为参观不为如厕。这一现象引起了品牌商的重视，他们纷纷找到瓦尔公司，租用厕所外的广告位。瓦尔公司对公共厕所要求的墙体广告费比一般的广告商要便宜，在第一个试水品牌商收到良好效果后，租用公厕广告位的品牌商越来越多，以至于还没有建好的公厕，都被早早预订下来。因为能针对性做出有效传播，香奈儿、苹果、诺基亚等国际大牌，也开始与瓦尔公司合作。之后，瓦尔公司把公厕外墙体广告做到内墙体，甚至是里面的摆设，都增加了广告功能，进一步提升了广告价值。在巨大的广告效应下，汉斯·瓦尔的公厕项目不仅没有亏损，反而赚得盆满钵满。

德国公共厕所案例的启发在于通过项目的外部效益获取间接收益。对公共厕所的直接使用者免费，既能实现公共厕所作为基础设施的公共服务，满足政府基本要求，同时也能带来更多的人流量，为获取广告等其他收益奠定基础。在基础设施项目投融资中，如果能够通过商业创新获取丰厚的间接收益，提高项目投资回报和现金流，则能增强项目的融资能力，进而可以匹配更多的投融资工具。

（二）北京工人体育馆案例

伴随社会的发展，体育活动和赛事日益成为人们生活的重要组成部分。

国内 20 世纪建成的体育场馆在当下多面临设施老旧、功能老化、周边配套不健全等问题，特别是周边交通无法适应新需求，经常造成严重拥堵。这也反过来限制了体育场馆的规模化经营。因此，更新改造这类体育场馆要充分结合体育、商业、休闲等多种形态融合为导向的原则，将其打造为综合服务体，成为城市消费休闲新地标。与此同时，这类场馆改造通常要对标国际赛事承办标准，不仅在体育技术和设备上升级，还要在配套设施和功能改造上贯彻新发展理念。

北京工人体育场馆的改造复建是商业创新的一个典型案例。该项目采用 TOD 模式改造体育场馆，旨在充分利用城市空间，让体育场馆周边空间更立体、多元、高效。TOD 模式赋予体育场馆经营更多可能性，运用横跨东西、贯穿南北的轨道交通，打造地上地下新空间，有助于体育场馆引进创新型商业和文化业态，探索文体产业新消费模式。同时，强化体育场馆和周边地铁口的接驳，做到无缝连接，并将出入口巧妙地融入地下综合体，实现城市轨道交通与周边地下停车、地下公共服务、地下商业服务等空间多层互联互通，为市民提供便利出行、宜居生活、品质消费、健康运动的一站式生活服务。而且，大容量的轨道交通还能为赛事期间提供更加高效、舒适的绿色出行选择，有利于快速纾解瞬时人流、缓解路面拥堵压力，让赛时交通更加便捷、更加低碳，助力全方位提升观赛体验。TOD 模式在项目中采用了功能复合、立体组织、集约紧凑的开发模式，实现地上与地下空间一体化设计，合理配置创新型商业和文化业态，提升区域及周边的通行效率，进而助力城市功能的优化。

此外，新工体还将采用最新的看台碗设计、电视转播技术、水雾降温系统，提升看台坡度，使观赛环境更加舒适，也大幅度优化观众体验。在亚洲杯赛事后，工体还将继续作为北京国安足球俱乐部的主场长期运营，预计场均上座超过 6 万人。新工体将以多元化业态组合、复合配套功能来实现体育场馆的可持续运营，提高非赛时的利用价值，为区域经济注入新的活力，以"城市地标、文体名片、活力中心"的新标签，成为北京城市更新、环境正影响的示范和标杆。

与德国公共厕所案例相比，北京工人体育馆是一个更加综合性的商业创新案例。一方面，北京工人体育馆利用体育赛事产生的人流、关注度，为消费、休闲等商业创造更多价值，而不是仅关注体育赛事本身产生的门票等传统收入。另一方面，北京工人体育采取 TOD 模式提高有限土地的利用率，进而提高商业效率。在北京工人体育馆项目中，基础设施项目不仅获得了大量的间接收益，也盘活了整个区域的商业价值，为该项目投融资创造了更加丰富的内容。

四、投融资与技术、工艺创新融合

基础设施项目实施过程中，涉及许多技术、工艺，通过技术、工艺创新升级，既能提高项目实施效率，降低项目成本，也能更好地激发商业创新潜力。比如，通过技术创新，将污水处理厂下沉，节约出地上空间，再通过地上空间的商业开发，获取额外收益。再如，数字化发展将大幅提高基础设施项目的运作效率，降低项目成本，提高项目收益。本书以这两个创新为例，阐述基础设施项目与技术、工艺创新融合，促进投融资发展。

下沉式城市污水处理厂是下沉污水处理设施设备，地上改造为景观公园或进行商业开发的"地下水厂+地上商业"模式。下沉式污水处理厂的优点是可以释放土地空间，改造为自然生态空间或商业空间，有效化解邻避问题，增加项目商业价值。我国现有的多数污水处理厂建在地面，不仅占用了土地，而且改扩建仍面临大量管网建设资金投入、征地拆迁等问题，而采用先进技术实现下沉式污水处理厂，能降低成本和提高效率，减少占地面积，提高商业运营空间。污水处理厂的邻避焦点是臭气问题，下沉式污水处理厂需要集中解决这一问题，才能实现下沉式，通常采用集中收集并处理废气的方式。其投融资模式创新之处在于引入社会资本的资金以及先进技术和管理经验，完成污水处理厂升级改造，提高污水处理服务的质量和效率，推进污水处理市场化改革。同时，通过地上空间开发利用，最大化项目收益。

数字化带来的基础设施项目升级案例很多，如湖南省长沙县垃圾处理项目。该项目中，政府与企业合作推出"绿色循环积分计划"，居民在企业注册后，将领取到各自的专属二维码，居民将家中可回收垃圾打包后贴上二维码投放到社区的专用回收桶后，企业会将垃圾运往循环分拣中心通过扫描二维码确定居民信息，根据垃圾的种类和数量换算成积分录入用户账户，居民的积分达到一定数量后可兑换生活用品或抵用小区的物业费。企业通过二维码社区垃圾回收模式这一管理创新，充分调动了广大居民的积极性，大幅压缩了其进行垃圾分类的成本，进而极大拓展了其盈利空间。

第二节　投融资低碳化发展

基础设施在为公众提供基础性服务的同时，也具有碳排放密度大，基数大的特点。从基础设施建设材料的生产运输到建设施工到运行再到拆除，每一个环节都将产生相当数量的碳排放。根据中国建筑节能协会 2024 年发布的《2023 中国建筑能耗与碳排放研究报告》，2021 年全国建筑全过程碳排放总量为 50.1 亿吨，占全国碳排放总量的 47.1%，"十三五"期间年均增速2.0%。其中建材生产阶段碳排放占比 24.4%，"十三五"期间年均增速1.5%，建筑施工阶段碳排放占比 1.0%，"十三五"期间年均增速 2.1%，建筑运行阶段碳排放占比 21.6%，"十三五"期间年均增速 2.9%。

基础设施因其独特的经济和社会属性，在经济社会发展中发挥着不可替代的作用。但是，现有基础设施发展运行模式下其碳排放密度大的特点不利于"双碳"目标的实现。因此，在不牺牲基础设施原有经济社会价值的基础上有效控制碳排放，逐步实现基础设施低碳化，是社会发展的必然要求，是可持续发展的重要途径，是"双碳"目标的重要一环。未来，基础设施低碳化发展将集中在存量基础设施低碳化改造、新建基础设施低碳化发展、基础设施投融资低碳化转型三大方面。

一、存量基础设施低碳化改造

目前我国存量基础设施较多，在保障基础设施原有功能的前提下兼顾经济性和社会性对这些基础设施进行低碳化改造，是基础设施低碳化发展的重要一步。推进存量基础设施低碳化改造，将会在准确评估现有碳排放基数和碳汇能力的基础上，预测碳达峰的峰值和时间，制定切实可行的节能降碳目标、指标体系和路线图，通过推动能源结构绿色转型、提升能源使用效率、构建低碳运营体系、降低碳排放环境影响等举措最终实现存量基础设施低碳化改造。

一是准确评估碳排放现状。准确评估碳排放现状是存量基础设施进行低碳化改造的第一步，要根据基础设施发展运行现状，围绕碳排放总量和强度两个核心指标，系统评估运行过程中的碳排放总量和增长情况，构建清晰、准确的碳账户，厘清碳排放责任，根据基础设施碳排放现状和未来发展趋势合理预估碳达峰的峰值和碳达峰时间，为制订低碳化改造线路图打下坚实的基础。

二是制定低碳化改造线路图。在准确评估存量基础设施的碳排放现状后，根据对现状的分析，结合碳排放的责任与碳达峰的合理预估，基础设施运营主体应确定合理的低碳化改造目标，全面考虑经济性和社会性后明确目标实现的具体路径，形成精细化的碳排放控制计划和实施方案，确定分年度的碳排放目标，以保证低碳化改造的实现。

三是推动能源结构转型。根据基础设施现存能源结构，在满足经济性的条件下逐步推动存量基础设施的能源供给从传统的煤炭、石油、天然气等化石能源，逐步向非化石能源转型，构建清洁低碳高效安全的能源结构，形成以新能源和可再生能源为主体的零碳排放或低碳排放能源体系。

四是提升能源使用效率。对于数据中心等耗能较高的存量基础设施，应合理优化空间配置，大力推进新型节能技术制冷技术的研发和运用，减少不必要的碳排放，搭建综合能源管控平台，搭建"云—管—边—端"架构，采集全流程相关数据，利用相关算法及信息技术等实现智能预测、决策分析和远程控制，综合提升能源使用效率。

五是构建低碳运营体系。根据存量基础设施的基本功能及碳排放特点，合理运用储能、智能电网、零碳炼钢、零碳化工、低碳交通、碳捕捉、碳封存、碳去除等低碳技术，降低基础设施碳排放，构建低碳运营体系。

二、新建基础设施低碳化发展

随着经济发展和城镇化进程的加速，未来我国仍有很高的基础设施建设需求，在保障新建基础设施的社会性和经济性的前提下，促进新建基础设施低碳化发展，是基础设施低碳化着眼于未来的关键一招。促进新建基础设施低碳化发展，应着眼于基础设施设计、建设、运营的全生命周期，有效控制各个环节的碳排放，最终实现新建基础设施的低碳化发展。

一是基础设施设计体现低碳理念。基础设施的设计是新建基础设施的第一步，也是基础设施低碳化至关重要的一步。设计时要综合考虑空间结构、能源结构等因素，在各个环节中都融入低碳理念，合理利用各种低碳技术。对于初期投入较大的低碳技术，综合考虑节能减排的长期经济价值和社会价值，重视其不可忽视的低碳意义。

二是基础设施建设践行低碳理念。在基础设施建设环节，不仅要考虑建设材料的经济成本，还要考虑建设材料的环境价值，尽量使用碳排放密度较低的环保材料，运用节能减排的施工工艺，同时降低施工管理中的能耗及碳排放，践行低碳理念。

三是基础设施运营贯彻低碳理念。在基础设施运营环节，首先要基于大数据、云计算和人工智能建立数字化综合碳排放管控平台，实时监控基础设施产生的碳排放总量和强度，动态调整碳排放管理策略，将碳排放维持在较低的可控水平内。其次要综合运用更新的、更有效的低碳技术，切实提高能源利用效率，不断优化管理能力，构建低碳运营体系，贯彻落实低碳理念。

三、基础设施投融资低碳化转型

不管是存量还是新建基础设施项目，资金支持都不可或缺，只有发挥好金融的杠杆作用，增加低碳基础设施项目的资金吸引力，才能让基础设施低碳化落到实处。基础设施投融资决定了未来的碳排放发展路径，是基础设施低碳化发展的关键。基础设施投融资低碳化转型，不但要重视低碳基础设施项目的独特价值，还要积极探索适合低碳基础设施项目的投融资模式，使投融资活动更加活跃。

一是基础设施项目投资突出低碳价值。对低碳基础设施项目进行投融资，要从资金成本和资金收益两端发掘低碳化项目具备的独特收益，平衡处理低碳基础设施投资的经济效益和社会效益。从资金的成本端来说，低碳基础设施项目所带来的正外部性可能会降低资金成本。以保险资金为例，低碳基础设施项目所具备的节能减排的特点会对气候条件有正向的改善作用，而这种改善作用会直接影响健康险等相关险种的赔付，赔付率的下降会使保险资金的资金成本降低，从而给资金收益端留出了更多的空间。从资金的收益端来说，低碳基础设施项目本身的经济性已经处于一个较为可观的水平，加上碳市场对于项目正外部性的经济性"补贴"，低碳基础设施项目对于追求期限长、稳定性高的资金具有相当大的吸引力。

二是绿色金融助推基础设施低碳化。目前，绿色金融的政策传导和政策工具使用正在向纵深化推进，已形成包括绿色贷款、绿色债券、绿色保险、绿色基金、绿色信托、碳金融产品等多层次绿色金融产品和市场体系，为基础设施低碳项目提供多元化的融资渠道。从银行绿色贷款方面来看，2022年，我国绿色贷款余额 22 万亿元，同比增长 38.5%，存量规模居全球第一。

从绿色贷款余额的用途分布上来看，基础设施绿色升级产业的金额最大，占比近一半，反映出当前绿色贷款主要的投向仍是基础设施，体现出基础设施投资呈绿色化趋势。

三是 REITs 实现清洁能源基础设施滚动开发。2021 年 7 月，国家发展改革委公布《关于进一步做好基础设施领域不动产投资信托基金（REITs）试点工作的通知》，允许探索开展试点能源基础设施（风电）等具有较好收益的能源基础设施公募 REITs。既有助于盘活存量资产，筹集清洁能源新项目资本金，也有助于形成"投、融、管、退"闭环，加快资金周转，调动各方面投资这一领域的积极性，为如期实现碳达峰、碳中和目标提供有力支撑。碳中和大背景下，清洁电力消纳得到政策的进一步保驾护航，抗周期性强，相关项目盈利能力较为稳定，潜在的发电量提升可以带来经营杠杆，具备 REITs 底层资产所需的稳定性。电力企业通过 REITs 释放沉淀资金促进风电、光伏新项目滚动开发，将进一步帮助我国完成碳中和。

四是碳金融产品交易稳步开展。基础设施投融资低碳化转型的关键之一是发掘低碳基础设施项目正外部性的独特价值，而碳金融产品就是将这种价值进行量化的金融产品，通过投资低碳基础设施项目获得诸如国家核证自愿减排量（CCER）或碳排放配额的碳金融产品，将项目中蕴含的低碳排放价值转化为投资收益的一部分，获得合适的投资回报率，使低碳基础设施项目投融资在资本市场中具备切实的吸引力。我国试点碳市场已经成长为全球配额成交量第二的碳市场。截至 2021 年，试点省市碳市场累计成交量超过 6 亿吨，仅 2021 年当年成交量就达到了 1.79 亿吨，增速明显。成交总量快速上升的同时，成交价格也有了明显的提升。在未来随着碳市场逐步放开以及 CCER 项目备案及核证周期缩短，碳市场的潜力和供需缺口将进一步被发掘，碳排放配额以及 CCER 的交易量与交易价格还有一定的上升空间，这些将对基础设施投融资低碳转型产生重大影响。

第三节　投融资存量化发展

2022 年 5 月，国务院办公厅印发《关于进一步盘活存量资产扩大有效投资的意见》，从聚焦盘活存量资产重点方向、优化完善存量资产盘活方式、加大盘活存量资产政策支持等六个方面对盘活存量资产提出了要求。该文件是中央层面首次系统部署盘活存量资产工作，意味着盘活存量资产的全国总动员。事实上，随着我国存量资产规模不断扩大，盘活存量资产方式不断丰富，投融资存量化趋势早已显现。

一、存量资产规模较大、类型丰富

经过多年发展，我国经济已经进入了存量时代。从人口结构看，我国的出生率以及结婚率正在双双面临刷新历史最低纪录的情况，人口拐点将至，人口数量的减少直接带来的是基础设施项目需求的减少。从投资增速上看，我国固定资产投资增速从 20 年前 30% 左右的增速，下降到 2022 年的 5.1%。在新增投资增长趋势在不断减弱的同时，我国存量资产规模在不断增加。仅 2010~2022 年，基础设施累计投资超过 100 万亿元。

从基础设施建设规模看，截至 2022 年底，全国铁路营业里程达 15.5 万公里，其中高铁 4.2 万公里、稳居世界第一；全国公路营业里程 535 万公里，其中高速公路 17.7 万公里，同样位居世界第一；民用运输机场 254 个，旅客吞吐量超千万机场达 18 个；全国已有 42 个亿吨大港，其中 7 个港口进入全球十大港口行列，9 个港口进入全球二十大港口行列；全国在运行的垃圾焚烧厂 648 座，全年完成近 60 万家单位的危险废物管理计划备案、23 万家单位的产废情况申报；全国营业性通用仓库面积超过 12.2 亿平方米，其中立体仓库接近 30%；全国运营、在建和规划的各类物流园区超过 1600 个、国家示范物流园区 80 个、国家物流枢纽 25 个；全国电信运营商和第三方数据中心服务商拥有的机柜大约 300 万台。这些行业累计资产规模均以万亿元计。

从基础设施服务能力看，2022 年，铁路动车组发送旅客 16.73 亿人次，铁路完成货运量达 49.84 亿吨；全国民航运输机场完成旅客吞吐量 5.2 亿人次；全国港口货物吞吐量为 156.85 亿吨；全国城市生活垃圾无害化处理能力 110.94 万吨/日，污水处理厂日处理能力 2.16 亿立方米，污水处理总量 626.89 亿立方米，危险废物集中利用处置单位利用处置能力超 1.7 亿吨/年；邮政全行业完成业务总量 13509.6 亿元，实现业务收入 10566.7 亿元。

二、基础设施投资需求依然很大

基础设施具有超前性、规划性、基础性、共享性和巨额性等特点，随着我国经济进入新的发展阶段，城镇化加速推进，短板领域日益突出，已有设施亟待提升，新技术带来新基建，基础设施仍面临大规模投资需求。

一是实施国家重大战略需要建设大量基础设施。京津冀协同发展、长江经济带、长三角、海南自由贸易港、粤港澳大湾区建设等一系列重大战略的推动实施，对基础设施建设的水平和质量不断提出新的要求。比如，中共中央、国务院印发的《长江三角洲区域一体化发展规划纲要》中，用一整章的篇幅对提升基础设施互联互通水平作出了规划，包括共建轨道上的长三角、提升省际公路通达能力、合力打造世界级机场群、协同推进港口航道建设等一体化综合交通体系，加快构建新一代信息基础设施，协同推进跨区域能源基础设施建设，加强省际重大水利工程建设、完善区域水利发展布局等。《粤港澳大湾区发展规划纲要》同样也用一整章的内容规划加强基础设施互联互通，包括构建现代化的综合交通运输体系，建设世界级机场群，构筑大湾区快速交通网络；构建新一代信息基础设施，建成智慧城市群；加强周边区域向大湾区以及大湾区城市间送电通道等主干电网建设，完善城镇输配电网络；完善水利基础设施，提高防洪防潮减灾应急能力等。此外，《推动共建丝绸之路经济带和 21 世纪海上丝绸之路的愿景与行动》明确提出，以政策沟通、设施联通、贸易畅通、资金融通、民心相通为主要内容，加强与共建"一带一路"国家和地区合作，其中，基础设施互联互通是"一带一路"建设的优先领域，包括交通、能源、通信等领域。京津冀协同发展、长江经济带、海南自由贸易试验区等重大战略的规划或文件中，也对基础设施建设和发展提出了明确要求。

二是新技术带来大量新基建。2020 年 3 月，中央政治局常务委员召开会议，提出加快 5G 网络、数据中心等新型基础设施建设进度。2020 年《政府工作报告》也明确提出重点支持既促消费惠民生又调结构增后劲的"两新一重"建设，其中第一个新就是新型基础设施，包括加强新型基础设施建设，发展新一代信息网络，拓展 5G 应用，建设数据中心，增加充电桩、换电站等设施，推广新能源汽车，激发新消费需求、助力产业升级等。从市场发展空间看，在 5G 方面，高通预测到 2035 年将在全球创造 12.3 万亿美元经济产出。《中国 5G 产业发展前景预测与产业链投资机会分析报告》数据显示，按 2020 年 5G 正式商用算起，预计当年将带动约 4840 亿元的直接产出和 1.2 万亿元的间接产出，到 2030 年 5G 带动的直接产出和间接产出将分别达到 6.3 万亿和 10.6 万亿元。人工智能方面，有关专业机构研究报告预测核心产业规模超过 1500 亿元，带动相关产业规模超过 1 万亿元；到 2025 年基础理论实现重大突破，部分技术与应用达到世界领先水平，核心产业规模超过 4000 亿元，带动相关产业规模超过 5 万亿元。数据中心方面的需求更大，伴随 5G 商用大规模落地、智能物联社会具备可行性，数据传输速度将极大提升，对计算能力和数据储存需求提出更高要求。据有关专业机构测算，我国 IDC 市场规模约占全球 26%，但数据中心机柜数不及美国的 1/5，巨大的供需不平衡将大力推动我国超大型数据中心发展。由此可见，5G、数据中心、人工智能等新型基础设施快速发展，未来投资需求非常大。同时，新技术的发展肯定会影响其他方面的配套建设，也会对基础设施建设提出新的要求。

三是补短板领域有较大的投资需求。虽然我国基础设施建设已经取得了长足进步，但是人均基础设施水平较低。根据国家统计局公布的数据，目前我国人均基础设施存量水平大概相当于发达国家的 20%~30%，基础设施投资潜力巨大，特别是在生态环保、交通、水利、农业农村、社会民生等领域短板依然较多，投资需求仍然很大。为强化基础设施领域补短板投资力度，2018 年，国务院办公厅印发了《关于保持基础设施领域补短板力度的指导意见》，提出在脱贫攻坚、铁路、公路、水运、机场、水利、能源、农业农村、生态环保、社会民生等领域，重点推动补短板工作，并明确了一系列配套保障措施。

四是城镇化与城市更新投资需求很大。我国城镇化仍然存在不小的提升空间。2022年我国常住人口城镇化率为65.22%，比上年末提高0.5个百分点。比起发达国家普遍在80%以上的城镇化率，我国城镇化还有不小差距。据有关专业机构统计，我国县城人均市政公用设施固定资产投资仅相当于地级及以上城市城区的1/2左右，随着新型城镇化的不断推进，水电气热、城市交通、污水垃圾处理、公共停车场等领域的投资需求也会不断增加。2020年《政府工作报告》也提出，加强新型城镇化建设，大力提升县城公共设施和服务能力，以适应农民日益增加的到县城就业安家需求。同时，我国很多城市的基础设施已经出现老化，需要不断更新，这方面的投资需求巨大。特别是随着新型城镇化推进，人口不断聚集，原有的基础设施已经难以满足当前人口的需求，老旧小区改造、城市更新投资任务很重。

五是城乡、区域协调发展也将带来大量投资需求。进入新时代，我国农村基础设施条件明显改善，但受历史欠账多、优质资源供给不足等因素制约，导致水、电、垃圾污水处理设施等存在突出短板，成为乡村振兴的掣肘。当前，农村基础设施数量、质量远低于城镇，农村地区的基础设施既有总量不足的问题，也有质量不高的问题。同时，我国区域广阔，各地之间发展水平差异很大。东部沿海城市、一二线城市及经济发展较好的地区，基础设施建设水平较高；中西部地区，也包括发达省份的欠发达地区，基础设施建设的需求依然非常大。为推动区域协调发展，党中央、国务院印发《关于建立更加有效的区域协调发展新机制的意见》，要求到2035年，建立与基本实现现代化相适应的区域协调发展新机制，实现基础设施通达程度比较均衡，在区域均衡协调发展过程中，必然会产生大量投资需求。

三、我国已有丰富的盘活存量资产方式和渠道

我国资本市场和投资实践中，已经积累了 REITs、PPP 模式、资产证券化、并购重组、资产注入、售后回租、产权交易、股权信托、战略投资等多种盘活存量资产方式和渠道，能够有效匹配各类存量资产。

对项目边界清晰、回报机制明确且收益增长空间较大的基础设施项目，可采取 REITs、并购重组、产权交易、战略投资等方式盘活。其中，REITs 具备较强的权益属性，期限较长或永续，能够匹配基础设施项目长周期的融资需求，同时能够通过资本市场公开上市，吸引并培育市场化、专业化的基础设施运营机构参与基础设施项目投资，提高项目运营效率。

对现金流稳定的基础设施项目或权益，可采取资产证券化方式盘活、售后回租等方式盘活。其中，资产证券化基础资产种类丰富，能够盘活的基础设施项目更多，基础设施项目的收费收益权，以及基础资产运营企业的应收账款等贸易资产，都可以通过资产证券化方式盘活。此外，资产证券化产品发行方式灵活、融资效率较高，目前交易所企业资产证券化实行备案制，全部备案流程一般在一个月左右。

对具有一定收益，适宜由社会资本运营的基础设施项目，可采取 PPP 模式盘活。PPP 模式中社会资本通过创新管理方式、加强经营管理，有利于提高项目实施效率和回报水平，提升公共产品供给质量和效率。与 REITs 和资产证券化相比，PPP 模式可以采取更灵活、更创新的方式盘活存量资产，门槛更低、适用范围更广，很多不能发行 REITs 或资产证券化产品的存量资产，也可以通过 PPP 方式盘活。

总体来看，我国有大量的存量资产基础可供盘活。为了满足未来大量的

基础设施建设，必然需要盘活存量资产，回收沉淀资金，投入新的项目建设。同时，在投融资不断发展的过程中，已经积累了REITs、PPP模式、资产证券化、并购重组、资产注入、售后回租、产权交易、股权信托、战略投资等多种盘活存量资产方式和渠道，能够有效匹配各类存量资产，这为实现盘活存量资产提供了实践基础。由此可见，未来基础设施投融资将进入存量盘活和新增投资相互补充、相互促进的新阶段。

第三章 新形势下的系统性投融资方案

第一节 投融资体系的必要性

我国投融资发展历史和现状表明,既需要市场化机制提高投融资效率,也需要制定投融资计划、规划防范风险。

一、我国投资快速增长

随着投融资市场化改革不断推进,投资效率和能力不断提升,我国固定资本形成规模快速增长。从全社会投资来看,自国家统计局最早公布的1978年数据(见图3-1)到2023年,我国全社会固定资产投资累计完成额达623万亿元,为国民经济和社会发展起到重要促进作用。与此同时,我国固定资本形成规模不断增长,截至2023年底,固定资本形成累计规模约500万亿元。分行业看:铁路方面(见图3-2),2002年以来,全国铁路完成投资累计约 9 万亿元，运营里程突破 13 万千米。公路方面，2001 年以来，全国公路建设完成投资累计约 20 万亿元，通车里程约 500 万千米。民航方面，全国民用航空通航机场 235 个。2003 年以来完成航空运输投资约 2 万亿元。市政方面，全国自来水厂已达 4000 余座，供热厂（站）集中供热面积超 70 亿平方米。港口方面，2018 年全国规模以上港口完成货物吞吐量约 140 亿吨。此外，仓储物流、产业园区等基础设施规模也不断壮大。

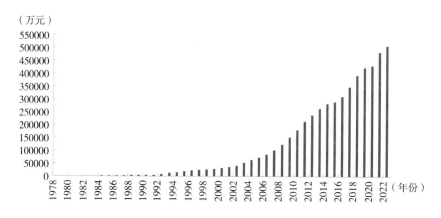

（万元）

图 3-1　1978 年以来我国固定资本形成规模

资料来源：Wind 数据库。

二、债务规模不断扩大

随着投融资市场化程度不断深化，再加上地方政府事权、财权相对不匹配，地方政府为了加大投资力度，成立了大量的地方融资平台，通过质押土地、水务或高速公路等收益权获得贷款，并发行"城投债"进行融资。2008年全球金融危机爆发之后，地方政府的融资体系不断发展，扩大了自身融资平台的规模。

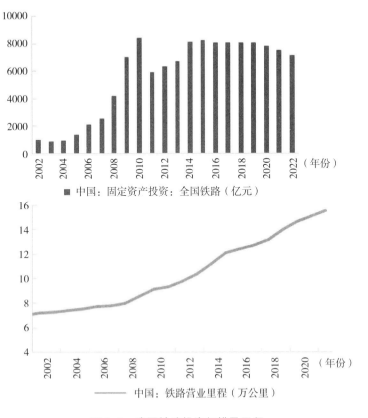

图 3-2　我国铁路投资规模及里程

资料来源：Wind 数据库。

2015 年地方政府债券全面自发自还以后，各地区债务规模不断增大。据财政部公开资料表明，截至 2022 年 12 月，我国各地区的地方政府总计债务余额为 350618 亿元，较 2021 年增 15.07%。地方政府债务不断扩大，在一定程度上积累了债务风险，不利于投资持续发展（见图 3-3）。

债务集聚过程中伴随的是大量金融机构的投资或贷款，金融风险持续上升。在此背景下，党中央、国务院以及各相关部委先后出台了防范债务风险和金融风险的系列文件，成功遏制了不断增长的债务风险和金融风险。

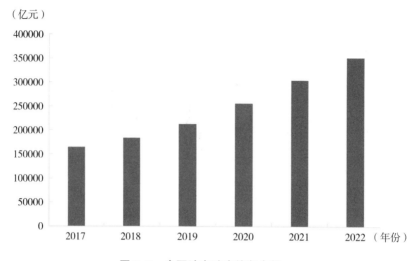

（亿元）

图 3-3   全国地方政府债务余额

资料来源：Wind 数据库。

三、缺乏投融资规划和计划不利于投融资发展

（一）我国实行项目资本金制度，项目必须落实资本金才能投资建设

《国务院关于固定资产投资项目试行资本金制度的通知》（国发〔1996〕35 号）规定，投资项目必须首先落实资本金才能进行建设。投资项目资本金，是指在投资项目总投资中，由投资者认缴的出资额，对投资项目来说是非债务性资金，项目法人不承担这部分资金的任何利息和债务；投资者可按其出资的比例依法享有所有者权益，也可转让其出资，但不得以任何方式抽回。《国务院关于调整部分行业固定资产投资项目资本金比例的通知》（国发〔2004〕13 号）、《国务院关于调整固定资产投资项目资本金比例的通知》（国发〔2009〕27 号）、《国务院关于调整和完善固定资产投资项目资本金制度的通知》（国发〔2015〕51 号）、《国务院关于加强固定资产投资项目资本金管理的通知》（国发〔2019〕26 号）等文件对资本金制度进行了完善，对

资本金比例进行了调整，但是依然要求投资项目必须落实资本金才能进行建设（见表3-1）。

表3-1　当前各行业资本金比例要求（%）

	城市轨道交通项目	20
城市和交通基础设施项目	港口、沿海及内河航运项目	20
	铁路、公路项目	20
	机场项目	25
房地产开发项目	保障性住房项目	20
	普通商品住房项目	20
	其他项目	25
产能过剩行业项目	钢铁、电解铝项目	40
	水泥项目	35
	煤炭、电石、铁合金、烧碱、焦炭、黄磷、多晶硅项目	30
其他工业项目	玉米深加工项目	20
	化肥（钾肥除外）项目	25
电力等其他项目	电力等其他项目	20

注 1. 城市地下综合管廊、城市停车场项目，以及经国务院批准的核电站等重大建设项目，可以在规定最低资本金比例基础上适当降低。

2. 公路（含政府收费公路）、铁路、城建、物流、生态环保、社会民生等领域的补短板基础设施项目，在投资回报机制明确、收益可靠、风险可控的前提下，可以适当降低项目最低资本金比例，但下调不得超过 5 个百分点。实行审批制的项目，审批部门可以明确项目单位按此规定合理确定的投资项目资本金比例。实行核准或备案制的项目，项目单位与金融机构可以按此规定自主调整投资项目资本金比例。

（二）大量传统的、违规的投融资渠道被成功限制，新的融资渠道暂未建立

财政部、发展改革委等六部委《关于进一步规范地方政府举债融资行为的通知》（财预〔2017〕50 号）要求，地方政府不得以借贷资金出资设立各类投资基金，严禁地方政府利用 PPP、政府出资的各类投资基金等方式违法

违规变相举债，不得以任何方式承诺回购社会资本方的投资本金，不得以任何方式承担社会资本方的投资本金损失，不得以任何方式向社会资本方承诺最低收益。中国人民银行印发的《关于规范金融机构资产管理业务的指导意见》（银发〔2018〕106 号，资管新规）禁止资金池、期限错配、保本收益等，大量银行理财资金无法借助通道投资基础设施项目。财政部《关于规范金融企业对地方政府和国有企业投融资行为有关问题的通知》（财金〔2018〕23 号）要求，不得提供债务性资金作为地方建设项目、政府投资基金或 PPP 项目资本金，国有金融企业向参与地方建设的国有企业（含地方政府融资平台）或 PPP 项目提供融资，应按照"穿透原则"加强资本金审查。

（三）缺乏投融资计划、规划使得项目资金筹集困难与资金使用效率低下并存

我国已经形成了一套相对完善的规划体系，包括五年国民经济与社会发展总体规划，各专项规划、区域性规划、行业规划，以及城市控制性规划、修建性详细规划等，对经济和社会发展起到了积极促进作用。但在发展过程中，由于缺少投融资规划和计划作为支撑，使得一些规划项目难以落地实施。一方面，部分规划中仅对未来要做的项目进行简单表述，甚至只提出大的方向，没有匹配足够的资金和资源，使得部分优质项目缺乏资金和资源。另一方面，部分规划对项目的随意性，也导致一些项目论证不够深入，出现设施闲置、项目建成后对城市价值提升作用不明显等问题。此外，由于规划过于宏观，难以对主体进行定位，也使政府、政府下属部门、政府的城投公司、一级开发商、二级开发商、各种公共服务设施投资人等参与城市开发的主体不能认清自己的角色定位，各种相关主体的利益难以统筹。

第二节　投融资体系的主要因素

一、引入市场化机制

公共领域和准公共领域中，政府投资基本以直接投资、资本金注入、补助、贴息等方式为主，投资决策几乎全部由政府决定。2008 年，快速发展的政府融资平台模式，从表面上看似乎在投资决策阶段引入了企业，但本质上平台公司大多仅是政府的出资人代表，并没有太多决定权，企业决策机制并没有很好发挥。以 PPP、政府引导基金、资产证券化等模式为代表的新型投融资模式出现后，投资决策阶段才算真正引入了市场化机制。因此，在投融资计划规划中，应综合考虑多种投融资模式，提高投资效率。

PPP 是公共部门与私营部门建立合作伙伴关系，发挥各自优势，合理分担风险，实现利益共享，提高公共产品供给的质量和效率。从本质上看，PPP 模式有以下基本特征：

一是平等协商。政府与社会资本建立平等合作的伙伴关系，加强沟通协商，做好合作事宜。这实际上是在投资决策中就引入了市场化机制。相对于政府单方面决策，加入企业的想法和建议将使得决策质量更有保障。

二是长期合作。PPP 项目运营期限一般都在 10 年以上，政府和社会资本方要作好同甘共苦的准备。PPP 项目长期运营意味着投资决策和后期运营进行绑定，有利于保障投资的可持续性。

三是利益共享。政府代表公众利益，通过 PPP 模式，提高公共产品和服务的供给数量、效率和效益。企业追求利益，要求合理回报。这是激发政府和企业双方动力，提升投资效率和投资可持续性的基础。

四是风险分担。政策、法律风险由政府承担，商业、运营风险由社会资本承担。不可抗力风险由政府和社会资本共同承担。风险共担是确保政府和企业双方尽职尽责，共同发挥各自作用的前提。

PPP 强调的是一种公私合作关系，因此 PPP 的模式不是单一模式，是一个模式集群，是一系列的操作要素进行不同组合形成的若干 PPP 模式。根据市场化程度的高低，PPP 模式的具体方式可分为 BOO、DBFOT、DBFT、BOT、OT 等（见图 3-5）。在制定投融资计划规划时，可按照投资领域市场化程度的高低，采取合适的方式进行匹配。

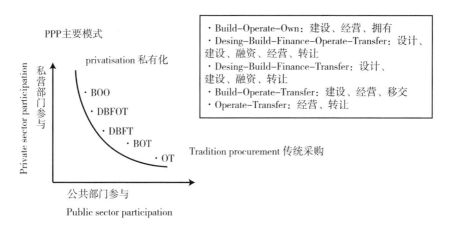

图 3-5　根据私有化和传统采购程度划分 PPP 模式具体方式①

资料来源：英国基础设施管理局。

---

① 英国所谓的"私有化"本质上是私营部分参与程度的高低，在国内可按照市场化程度作为解释。

政府引导基金结合了政府资金的引导和市场资金的效率，有助于更好落实投资资金并提高资金使用效率。根据《国家发展改革委政府出资产业投资基金管理暂行办法》规定，政府出资产业投资基金是指由政府出资，主要投资于非公开交易企业股权的股权投资基金和创业投资基金。政府出资资金来源包括财政预算内投资、中央和地方各类专项建设基金及其他财政性资金。

政府引导基金的主要特点在于政府引导、市场化运作。同时，政府引导基金对投资范围等有明确的规定。从政府引导基金的主要特点和作用可以看出，政府引导基金既能体现政府意识，确保支持方向符合重大政策、重大战略，符合公共利益。同时，基金专业管理人从市场化投资角度，能够更好选择符合市场需求和未来发展的项目，提高投资效率。此外，政府引导基金以较少的财政资金撬动企业投资和金融资金，很好补充了项目资本金筹集渠道。

目前，中央层面已经发起的政府引导基金（见表3-2）囊括了农业、集成电路、芯片、信息技术、生物医药、高端装备制造、节能环保、医疗器械和药品、智能制造、工业机器人、新能源汽车、新材料、轨道交通装备、现代农业机械、高端船舶和海洋工程装备、军民融合、国土治理、电力、清洁能源等多个领域，这些领域大多带有一定的经济社会外部性，也有一些市场化程度很高的领域，可见在政策实践上政府引导基金的使用范围很广，可以作为政府投融资计划规划的重要部分。

表3-2　中央层面已经设立的引导基金

基金名称	设立年份	牵头单位	主要支持领域
中国农业产业发展基金	2012	财政部联合中国信达、中信集团、中国农业发展银行设立	以股权投资的形式投资于农业产业化龙头企业、农业流通等重点农村服务企业、农业和农村配套服务与建设项目，以及农业保险公司、涉农担保公司等，采取二级市场退出的方式实现短期收益，同时也进行少量非股权投资
国家科技成果转化引导基金	2014	科技部、财政部	支持转化利用财政资金形成的科技成果，包括国家（行业、部门）科技计划（专项、项目）、地方科技计划（专项、项目）及其他由事业单位产生的新技术、新产品、新工艺、新材料、新装置及其系统等
国家集成电路产业投资基金	2014	财政部联合国开金融、中国烟草等企业	集成电路芯片制造业，兼顾芯片设计、封装测试、设备和材料等产业，实施市场化运作、专业化管理
国家中小企业发展基金	2015	工信部、财政部	重点解决创新型中小企业的中长期股权融资问题，更好地服务实体经济，更好地促进中小企业创新发展，为培育新业态、新模式、新增量、新动能等方面发挥积极作用
国家新兴产业创业投资引导基金	2015	财政部、国家发改委、国投集团	新一代信息技术、生物医药、高端装备制造与节能环保等战略性新兴产业
先进制造业产业投资基金	2016	国家发展改革委、财政部、工业和信息化部	高端医疗器械和药品、智能制造、工业机器人、新能源汽车、新材料、轨道交通装备、现代农业机械、高端船舶和海洋工程装备等领域
中国政企合作投资基金	2016	财政部与全国社会保障基金理事会、中国建设银行、中国光大集团、等国内10家机构设立	参与PPP项目投资，坚持市场化、专业化运作，主要通过股权、债权、担保等方式，为纳入国民经济和社会发展规划、基础设施和公共服务领域专项规划以及党中央、国务院确定的其他重大项目中的PPP项目提供融资支持

续表

基金名称	设立年份	牵头单位	主要支持领域
国家服务贸易创新发展引导基金	2017	财政部、商务部、招商局资本	经国务院批准的《服务出口重点领域指导目录》和《服务外包产业重点发展领域指导目录》列明的重点领域，以及商务部等部门文件中明确的服务贸易发展的其他重点领域
中国农垦产业发展基金	2017	财政部、农业部、招商局资本	垦区企业及与其产业密切相关的上下游企业，推进以垦区优质资产为主体的产业整合，为国家打造大型、现代化的农业企业集团
国家军民融合产业投资基金	2018	财政部、国防科工局	可直接投资于军民融合产业中具有核心专利、技术的优质企业或具有广阔技术应用前景的成长期、成熟期高科技企业，兼顾初创期企业以及军民科技成果推广应用项目，也可以作为母基金发起设立或参股地方政府、其他企业设立的军民融合产业投资基金等
长江经济带生态基金	2018	中国环境与发展国际合作委员会	重点支持以 PPP 和第三方治理模式实施的长江经济带重大生态保护和污染治理项目，参股项目公司
国家制造业转型升级基金	2019 年	中国中车发起，财政部、国开金融和中国烟草总公司等 19 名股东共同设立	新材料、新一代信息技术、电力装备等领域
国家绿色发展基金	2020	财政部、生态环境部、上海市	污染治理、生态修复和国土空间绿化、能源资源节约利用、绿色交通和清洁能源等领域

资料来源：课题组整理。

以 REITs 为代表的证券化是盘活存量资产、形成投资良性循环的有效模式。证券化本质上是一种投融资工具，从长远来看也是一种发展趋势，主要原因有两点：其一是从国外经验来看，随着融资市场的发展，主体有从"信用融资"向"资产融资"转变的趋势；其二是证券化可以让经营主体实现轻资产运营，相比发行债券等融资方式，证券化是盘活存量资产的方式。对于政府投资项目，特别是基础设施项目来说，以 REITs 为代表的证券化具有十分重要的作用。

一是盘活存量资产，形成投资良性循环。REITs 等证券化方式盘活存量资产收回的资金，可以为新的补短板项目提供资本金，形成投资良性循环。

二是防范债务风险，降低政府和企业杠杆。对政府来说，盘活公共资源，降低负债水平。对企业来说，实现轻资产运营，降低财务风险。

三是提供股权融资渠道，吸引更多资金参与。证券化能够吸引更广泛的社会资本参与基础设施项目投资，为保险资金、社保基金等机构投资者提供收益长期稳定的投资标的，丰富老百姓的投资品种。

四是引入专业机构，提高综合效率。基础设施 REITs 的上市，有利于吸引更专业的市场机构主导项目投资和运营，提高投资建设和运营管理效率。

经过长期投资建设，我国已在交通、能源、环保、市政等基础设施领域形成了大量优质资产。大量的基础设施存量资产积累了大量沉淀资金。根据国家统计局数据测算，我国固定资本形成累计规模超过 500 万亿元，按照 1%~10% 的证券化率测算，当前能盘活的存量资金就有 5 万亿~50 万亿元，其中有很多是政府存量资产。因此，证券化模式盘活政府存量资产，形成新的投资资金，对更好制定和实施政府投融资计划规划具有重要意义。

二、统筹利用各类资金

基础设施项目大多具有公共属性，项目本身收益一般难以弥补项目投资，因此资金补偿是投融资方案中的难点和重点。资金补偿方式主要有政府资金、金融市场资金、多元化市场融资三大类。

（一）充分利用各类政府资金

政府资金是基础设施项目最容易获得的资金补偿方式，包括中央资金和地方资金。

中央资金中能够用于项目投资建设的主要包括国家发改委预算内资金和财政部基本建设资金等，由于这些资金通常按照行业、领域进行专项管理，因此制定投融资计划规划时，要根据不同行业、领域项目的特点，结合专项资金管理办法进行制定。表 3-3 是 2020 以来财政部公开的用于建设的部分资金下达文件（详细版本请见本文附录）。

表 3-3　部分财政资金下达文件

发文字号	标题名称
财建〔2020〕2 号	《财政部关于下达 2020 年中央自然灾害救灾资金预算的通知》
财建〔2020〕4 号	《关于促进非水可再生能源发电健康发展的若干意见》
财建〔2020〕5 号	关于印发《可再生能源电价附加资金管理办法》的通知
财建〔2020〕10 号	关于修改《节能减排补助资金管理暂行办法》的通知
财建〔2020〕83 号	《财政部关于下达 2020 年中央自然灾害救灾资金预算的通知》
财建〔2020〕86 号	《关于完善新能源汽车推广应用财政补贴政策的通知》
财建〔2020〕93 号	《关于修订民航中小机场补贴管理暂行办法的通知》
财建〔2020〕169 号	《财政部关于下达 2020 年电信普遍服务补助资金预算的通知》
财建〔2020〕188 号	《财政部关于下达 2020 年中央自然灾害救灾资金预算的通知》
财建〔2020〕190 号	关于印发《清洁能源发展专项资金管理暂行办法》的通知
财建〔2020〕193 号	《财政部关于下达 2020 年中央自然灾害救灾资金预算的通知》
财建〔2020〕197 号	《财政部关于下达 2020 年中小企业发展专项资金预算的通知》
财建〔2020〕216 号	《关于下达清洁能源发展专项资金的通知》
财建〔2020〕218 号	《财政部关于下达 2020 年中央自然灾害救灾资金预算的通知》
财建〔2020〕246 号	《财政部关于下达 2020 年中央自然灾害救灾资金预算的通知》
财建〔2020〕263 号	《财政部关于下达 2020 年中央自然灾害救灾资金预算的通知》
财建〔2020〕301 号	《财政部关于下达 2020 年中央自然灾害救灾资金预算的通知》

续表

发文字号	标题名称
财建〔2020〕394号	《关于开展燃料电池汽车示范应用的通知》
财建〔2020〕455号	《财政部关于提前下达2021年服务业发展资金预算的通知》

资料来源：根据财政部公开网站整理。

除国家发改委、财政部的预算资金外，有可能统筹利用的中央资金还包括车购税资金、燃油税资金、港建费资金、铁路建设基金、民航建设基金等其他资金。此外，专项建设基金、专项债、特别国债、长期建设国债等国家调控政策资金也可纳入统筹利用范围。

可统筹利用的地方政府资金主要包括土地出让金、税金、特许经营收益等。然而近年来，地方政府可利用资金显著减少，一方面，中央防风险各项政策，堵住了地方政府违规变相举债渠道，另一方面，地方一般公共预算增速也在不断下降，甚至负增长。2022年，地方一般公共预算本级收入10.88万亿元，同比下降2.1%。2021年，地方一般公共预算本级收入11.1万亿元，同比增长10.9%。2020年，地方一般公共预算本级收入10.01亿元，同比下降0.9%。

（二）充分利用各类金融市场资金

相对于政府资金来说，金融市场资金体量大、渠道多，能够统筹利用的资金也多。根据当前金融市场的特点，大体上可将金融市场资金分为四类。

一是信贷市场，资金量大约在130万亿元，包括货币市场（存款），资金量超过100万亿元；货币基金，资金量大约为8万亿元；同业存单，资金量大约为13万亿元，以及现金类理财，资金量大约为4万亿元。

二是另类市场，资金量接近50万亿元。其中，私募股权资约8万亿元，主要包括 2.5 万亿元的偏债型资金和 5.5 万亿元的偏股型资金。私募债券约有 40 万亿元，其中社融资金 25 万亿元，包括委托贷款 13 万亿元、信托贷款 8 万亿元、未贴现承兑汇票 4 万亿元；非社融 15 万亿元，包括其他信托 6 万亿元、券商资管 4 万亿元、保险资管 3 万亿元、基金子公司 2 万亿元。

三是债券市场，资金量大约在 85 万亿元。其中包括政府债券 30 万亿元、企业债券 20 万亿元、金融债券 30 万亿元、资产证券化 3 万亿元、信贷 ABS 1 万亿元、企业 ABS 1.5 万亿元、ABN 2000 亿元。

四是股票市场，资金量在 80 万亿元以上。

金融市场资金中，另类市场是筹集基础设施项目资本金最重要的市场，包括私募股权基金、保险资管、券商资管和基金子公司等。在制定投融资方案和投融资计划规划时可统筹利用这些资金。

（三）充分利用多元化融资方式

除 PPP、政府引导基金、证券化外，还可探索通过债转股、并购重组、引入战略投资、资产注入上市、产权交易等多种方式，优化资金使用和资源配置，提升政府投融资计划、规划的实用性。

债转股是债权人和债务人以各自利益为出发点，把债权债务关系转换为股权关系，从而将债务企业的债务进行重组。政府投资，特别是政府平台投资中，形成了大量的债权，可通过债转股方式优化负债结构，提升投资能力。

并购重组是基于经营战略考虑对企业（或项目）股权、资产、负债进行的收购、出售、分立、合并、置换活动，表现为资产与债务重组、收购与兼并、破产与清算、股权或产权转让、资产或债权出售、企业改制与股份制改造、管理层及员工持股或股权激励、债转股与股转债、资本结构与治理结构调整等。通过并购重组可实现政府资产规模经济效应，发挥协同优势，提升投资质量和效率。

战略投资具有规模大、周期长、基于长期发展目标、分阶段等特点，是影响企业（或项目）前途和命运的投资。政府投资中也可通过引入战略投资者，既获取长期资金，也引入市场资源和市场化机制。

资产注入上市公司是将非上市的存量资产通过资产重组方式注入上市公司，将存量非流通资产转换为可流通证券资产，有助于政府更好盘活资产，加快资产流动，提升投融资效率。

产权交易所能使基础设施项目原始权益人能够顺利将名下资产转让出去，获取相应的支付对价。对政府投资来说，也是提高流动性的重要方式（见表3-4）。

表 3-4　不同投融资模式的特点

融资方式	公募/私募	能否在证券市场发行	权益类/债务类
PPP	私募	否	权益类
ABS	私募	能	债务类
PPP+ABS	私募	能	债务类
REITs	公募+私募	能	权益类
PRE-REITs	公募+私募	能	权益类
CMBS	私募	能	债务类
售后回租	私募	否	权益类
债转股	私募	否	权益类
并购重组	私募	否	权益类
引入战略投资	私募	否	权益类
资产准入上市	公募+私募	能	权益类
产权交易所	私募	否	权益类

资料来源：课题组整理。

三、采用资源补偿项目

资源补偿项目（Resource-Compensate-Project，RCP）是指投资项目自身收益无法满足合理投资回报的情况下，为了提高项目的综合回报，将项目周边或附近、与项目投资建设运营有关联的资产、资源（包括矿产资源、文化和旅游资源、商业资源、土地资源等），以合理的价格和数量配给项目，对项目投资进行补偿，提高项目投资吸引力。通常情况下，补偿给项目的资源大多与项目具备较高的统筹性。

从适用范围看，RCP 模式主要针对盈利能力较弱的项目，强调项目自身收益无法实现项目投资的合理回报，同时与项目关联的资源、资产可以与项目投资进行统筹，从而实现综合收益平衡。其他投融资项目大多可以通过项目自身收益实现平衡。特别需要强调的是，政府补贴通常情况下被当作项目自身回报，相当于政府为项目投资建设运营提供的补助，因此一般不认为是补偿项目的资源。

从已经出台的政策看，从具体的模式、项目类型或行业领域，都有国家或地方政策对资源补偿行为进行了规定，且大多是持鼓励态度。

从国家综合性政策规定看，《国家发展改革委关于开展政府和社会资本合作的指导意见》在"六、强化政府和社会资本合作的政策保障"中规定，深化价格管理体制改革，对于涉及中央定价的 PPP 项目，可适当向地方下放价格管理权限。依法依规为准经营性、非经营性项目配置土地、物业、广告等经营资源，为稳定投资回报、吸引社会投资创造条件。

从地方性政策文件看，《四川省政府与社会资本合作（PPP）项目评价论证要点指引（试行）》规定，严格区分公共服务项目和产业发展项目，确保公共资金、资产、资源优先用于提升公共服务水平。充分挖掘项目后续运营的商业价值，通过适当的资源配置，在确保 PPP 项目公共属性不变的前提下，适度增强项目融资能力和收益能力，原则上匹配资源部分的投资规模占比不应超过项目总投资的 50%。

从行业规定看，《文化和旅游部财政部关于在文化领域推广政府和社会资本合作模式的指导意见》规定，可依法依规为文化 PPP 项目配置经营性资源，为稳定投资回报、吸引社会投资创造条件。鼓励通过盘活存量资产、挖掘文化价值、开发性资源补偿等方式提高项目的可经营性。《交通运输部、国家发展改革委、财政部等关于推动"四好农村路"高质量发展的指导意见》规定，创新养护运行机制，鼓励将农村公路建设和一定时期的养护进行联合招标施工方；鼓励将干线公路建设养护与农村公路捆绑实施。《国务院办公厅关于支持铁路建设实施土地综合开发的意见》规定，新建铁路项目未确定投资主体的，可在项目招标时，将土地综合开发权一并招标，新建铁路项目中标人同时取得土地综合开发权。《国务院办公厅关于保障城市轨道交通安全运行的意见》规定，支持对城市轨道交通设施用地的地上、地下空间实施土地综合开发。交通运输部《关于深化交通运输基础设施投融资改革的指导意见》规定，各地交通运输部门要积极协调当地人民政府优先考虑将项目沿线一定范围内的土地等可开发经营的资源作为政府投入。

目前，地方政府已经拥有不少资源补偿项目实施案例。比如重庆市某县区通过旅游项目的开发经营权当做资源补偿，吸引投资人参与非收费的公路投资。再如，南方某地政府为了开发非营利性湿地公园，将公园附近的一块住宅用地补充给公园的投资者，以收回成本并获得合理回报。此外，北京冬奥会延庆赛区项目、成都龙泉驿区皇冠湖土地与基础设施综合开发项目、广州市南沙区庆盛枢纽区块综合开发项目都采取了资源补偿项目模式。

综上所述，基础设施建设资源补偿模式在我国已具备政策可行性，同时各地也有丰富的案例，包括旅游资源与基础设施投资联合开发，土地与基础设施投资联合开发，物业和广告资源捆绑等。这些资源都可以作为基础设施项目投资—回报平衡方案的一部分，纳入地方政府投融资计划。

四、外部效益内部化是未来推动投融资发展的核心思路

政府投资项目基本上都带有一定公共属性，这些公共属性会产生外部效益，如某条高速公路的修建，会给沿线区域带来通行便利，从而产生经济价值。对高速公路项目来说，这些经济价值虽然是项目带来的，但很难直接获取收入，因此是其外部效益。正是因为这种外部效益，所以即使项目本身经济回报无法满足项目投资回报要求，政府也要投资建设，因为这些项目除了经济回报，还会带来大量的公共利益。如果能将这些外部的公共利益定量化、内部化，并依此给予项目相应的收入，则能有效解决政府投资项目的投融资问题。

外部效益内部化最成功的案例是碳排放权交易。为了保护生态环境，政府投入了大量资金来治理碳排放，但效果相对一般。在引进了碳排放权交易以后，企业需要购买碳排放权来排放碳，相当于碳排放的负面外部效应内部化。为了节约成本，企业减少碳排放的动力更加直接，碳排放治理效果也更好。碳排放权交易过程中，甚至引进了碳金融产品，整个碳排放市场机制体制更加完善。

很多政府投资项目会产生外部效益，与碳排放不同的是，政府投资项目的外部效益往往是正面的，因此通过一些制度安排、商业创新以及适当的收

入分配，将这些正面效益分配给项目方，则能极大解决很多基础设施项目收入不足的问题，与此同时，还能通过建立和完善约束激励机制，将市场化机制引入政府投资项目，提高项目投资、运营效率。

对政府投资项目来说，外部效益内部化有助于实现项目本身的投融资平衡，更为重要的是，它是提升政府投资项目市场配置资源作用的优秀工具，对提高政府投资效率，缓解政府财政风险具有重要意义。

第三节　发展投融资体系的政策建议

一、建立系统化的投融资法律法规体系

一是通过 PPP 立法，进一步规范 PPP 行为，形成 PPP 新机制的法律保障。二是推进基础设施 REITs 立法，明确 REITs 的法律障碍，在现有公募基金+ABS 的基础上，进一步简化产品结构，明确税收政策，为 REITs 长远发展保驾护航。三是加快制定并出台民营经济促进法，保障民营企业家和民间投资的合法权益，完善民营经济参与国家重大战略的体制机制。

二、推广基础设施资源补偿项目（RCP）模式

合理注入各类关联资源，依法合规地将土地、物业、广告等经营权益作为城镇基础设施和公用事业项目投资回报平衡方案中的一部分，纳入到投融资计划中。探索采取旅游资源与城镇基础设施和公用事业投资联合开发，土

地与城镇基础设施和公用事业投资联合开发，物业和广告资源捆绑等方式实现收益补偿，吸引社会资本投资。充分发挥政府主观能动性，不断探索资源补偿城镇基础设施和公用事业项目的实施方法和模式，提高项目投资、运营效率，适时出台必要的支持政策，推动城镇基础设施和公用事业项目外部效应内部化，激发城镇基础设施和公用事业投资内生增长动力。

三、盘活存量资产促进投资良性循环

加大盘活存量资产工作的宣传和推广力度，研究制定盘活存量资产激励约束机制，提高有关部门和国有企业盘活存量资产的积极性。灵活运用各类金融产品，采用资产证券化、不动产投资信托基金（REITs）、PPP、并购重组、资产注入等方式盘活存量资产，将回收资金重点投向新的城镇基础设施和公用事业建设，重点支持补短板项目。优化国有资产转让程序，完善基础设施 REITs 和资产证券化过程中国有股权转让程序，推动豁免基础设施 REITs 和资产证券化盘活国有存量资产中的进场挂牌转让程序。

四、投融资模式路径的相机抉择

对能够产生经营收益的项目坚决实施市场化经营，交由社会资本投资运营管理，政府进行引导和监督。对能够产生部分收益的基础设施项目，实施政府和社会资本共同开发，以政府引导、补贴、特许经营方式鼓励企业参与。对于没有经营收益的纯公共事业项目，由政府投资为主，以满足经济持续发展需要，产生正的经济外部性。

五、积极稳妥运用 PPP 模式

严格落实 PPP 新机制，健全制度体系，推进 PPP 规范发展。坚持审慎科学决策。完善项目合理投资回报机制，依法适当延长特许经营年限，向社会资本推介项目收益稳定的优质项目。创新项目融资方式，探索与 EPC+O、ABO、TOD、EOD 等新型投融资工具的协同。重点推动有良好收益的收费公路、污水垃圾处理、供水供热供气项目运用 PPP 模式。

第四章　我国投融资创新
——基础设施 REITs

第一节　基础设施 REITs 概况

一、定义

基础设施 REITs 是以基础设施为底层资产的不动产投资信托基金（RE-ITs）。2020 年 4 月 30 日中国证监会与国家发展改革委发布《关于推进基础设施领域不动产投资信托基金（REITs）试点相关工作的通知》标志着我国基础设施 REITs 正式起航。目前，我国基础设施 REITs 主要运用于收费公路、产业园、仓储物流、生态环保、新能源、消费基础设施等领域。

表 4-1 基础设施 REITs 部分资产范围

序号	资产分类
1	仓储物流
2	收费公路、铁路、机场、港口
3	城镇污水垃圾处理及资源化利用、固废危废医废处理、大宗固体废弃物综合利用
4	城镇供水、供电、供气、供热
5	数据中心、人工智能、智能计算中心
6	5G、通信铁塔、物联网、工业互联网、宽带网络、有线电视网络
7	智能交通、智慧能源、智慧城市
8	园区等基础设施，不含住宅和商业地产

二、基本情况

自 2020 年启动试点，2021 年首批基础设施 REITs 落地以来，45 个基础设施项目已发行上市，发行规模 1393.88 亿元，用于新增投资的净回收资金超过 510 亿元，可带动新项目总投资超过 6300 亿元，累计向投资者分红超 130 亿元，合计拟缴纳税费金额近 70 亿元。近年来，我国 REITs 逐步在产品创新、市场机制完善、政策支持等方面取得了显著成就，现已进入产品常态化发行阶段，对盘活存量资产、拓宽基础设施建设长期资金来源发挥了重要作用。受宏观环境影响，2023 年基础设施 REITs 经历了市场整体下行，但随着 REITs 权益认定制度出台、投资政策不断完善、投资者预期持续好转，2024 年市场持续恢复向好，我国基础设施 REITs 已进入稳定发展阶段。

三、发展历程

我国基础设施 REITs 市场建设经历了研究、探索、实践的过程。在大量调查研究、科学分析的基础上，借鉴国际先进经验，结合我国国情形成了中国基础设施 REITs 的制度设计、实现路径及行动方案。

1. 政策探索

2003 年以前我国在相关政策文件中虽未明确提及 REITs 这一概念，但已依托地方市场开展了具有一定 REITs 理念的创新金融实践。

2003 年，我国借鉴境外成熟市场经验，尝试从商业地产开始 REITs 政策研究，但在"房住不炒"的政策基调和金融支持实体经济的要求下，REITs 一直无法从房地产领域成功落地。国家发展改革委和中国证监会通过对海外 REITs 的研究，基于国内基础设施资产现状，率先在基础设施领域推进 REITs 的思路更加明确，开始了进一步政策探索。2018 年 6 月，国家发展改革委投资司、中国证监会债券部联合召开了首次基础设施 REITs 座谈会，开始对在基础设施领域推行 REITs 的可行性、操作性等问题进行研究探讨，思路进一步开扩。特别是 2018 年以后，党中央、国务院对 REITs 的支持力度不断加大，更加坚定了两部委联合推出基础设施 REITs 的决心。

2019 年 1 月，中共中央发布《关于支持河北雄安新区全面深化改革和扩大开放的指导意见》，明确提出支持雄安新区创新投融资机制，发行房地产投资信托基金（REITs）等房地产金融创新产品。2019 年 5 月，国务院发布《关于推进国家级经济技术开发区创新提升打造改革开放新高地的意见》，支持在有条件的国家级经开区开展不动产投资信托基金试点。

2. 政策研究

随着基础设施 REITs 调研不断深入，制度设计逐渐成熟，REITs 政策确定了以下重要原则：

一是必须聚焦基础设施领域。通过认真总结国内 REITs 的政策探索、理论研究和市场实践，深刻认识到只有以基础设施领域为切入点，我国 REITs 才有可能真正推出来，这是此次 REITs 试点与以往的根本性区别。

二是确定采用"公募基金+ABS"模式。借鉴国际相对成熟的 REITs 制度安排，在税收政策、经营主体、法律构架、合格资产、管理方式、分配要求等方面多维度借鉴后，结合国内现状，最终确定采用"公募基金+ABS"模式，在现行资本市场法规体系下，这是成本较低、难度较小、可能性较大的一种方式。

三是聚焦重点行业。基础设施项目范围广、资产类型多。在充分考虑政策导向、参与意愿、市场反响等多种因素的基础上，初步明确了试点工作的重点方向，集中在基础设施补短板、新型基础设施、产业园区等领域。

四是坚持权益型原则。国际上绝大部分 REITs 都是权益型产品，而中国基础设施投融资的主要难点之一就是缺乏权益型融资工具。因此，政策坚持权益型原则，要求底层资产真实出售、权益份额公开上市交易。

五是聚焦资产质量。底层资产既要工程质量合格，也要运营良好、权属清晰等要求。此外，还对形成良性投资循环、坚持公开发行、加强风险管理、培育专业运营机构等作出了规定。

3. 试点落地

2020 年 4 月 30 日，《关于推进基础设施领域不动产投资信托基金（REITs）试点相关工作的通知》向社会公开发布，我国基础设施 REITs 正式起步。中国证监会、国家发展改革委、沪深交易所相继对 REITs 项目申报、相关参与主体的资质、发售、上市及交易等各个环节都做出了具体规范。

2021 年 6 月，首批 9 只基础设施 REITs 在沪深交易所上市，合计发行规模超过 88 亿元，资产类型涵盖交通设施、仓储物流、产业园区、生态环保基础设施四大类，我国基础设施 REITs 正式落地。

2023 年 5 月，我国首批 4 单基础设施 REITs 扩募项目获得中国证监会的批复，进一步推动了 REITs 常态化发行和高质量扩容同步发展。

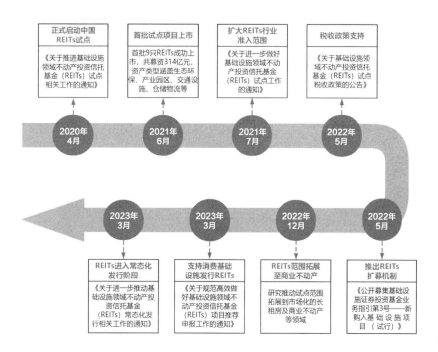

图 4-1 我国基础设施 REITs 试点发展历程

4. 常态化发行

2024 年 7 月，国家发展改革委对外发布《关于全面推动基础设施领域不动产投资信托基金（REITs）项目常态化发行的通知》（发改投资〔2024〕1014 号），部署推进基础设施 REITs 常态化发行工作，标志着具有我国特色的基础设施 REITs 正式迈入常态化发行新阶段。

（四）政策体系

REITs 主要由国家发展改革委和中国证监会负责，两部门在 REITs 前期培育、审核推荐、发行上市等方面制定框架性政策。同时，中央其他部门积极配合，从行业、税收、会计记账等角度出台相关支持 REITs 发展的政策文件，共同推动基础设施 REITs 高质量发展。

表 4-2　我国基础设施 REITs 现行框架性政策

《关于推进基础设施领域不动产投资信托基金（REITs）试点相关工作的通知》（证监发〔2020〕40 号）				
中国证监会、国家发展改革委联合发布，明确了基础设施 REITs 试点的基本原则、试点项目要求和试点工作安排。				
《国家发展改革委关于全面推动基础设施领域不动产投资信托基金（REITs）项目常态化发行的通知》（发改投资〔2024〕1014 号）				
部署推进基础设施 REITs 常态化发行工作，并自 2024 年 8 月 1 日起实施。由此，标志着具有中国特色的基础设施 REITs 正式迈入常态化发行新阶段。				
行政监管层面				
管理机构	国家发展改革委		中国证监会	
政策文件	《关于进一步做好基础设施领域不动产投资信托基金（REITs）试点工作的通知》（发改投资〔2021〕958 号）	《关于规范高效做好基础设施领域不动产投资信托基金（REITs）项目申报推荐工作的通知》（发改投资〔2023〕236 号）	《关于做好基础设施领域不动产投资信托基金（REITs）新购入项目申报推荐有关工作的通知》（发改办投资〔2022〕617 号）	《公开募集基础设施证券投资基金指引（试行）》（证监会公告〔2020〕54 号）	《关于进一步推进基础设施领域不动产投资信托基金（REITs）常态化发行相关工作的通知》

续表

主要内容	从五个方面提出具体工作要求，《申报要求》包括试点项目要求、项目申报程序、项目审查内容、中介机构要求、其他工作要求等内容。	从做好前期培育、把握发行条件、提高申报推荐效率、发挥专家作用、用好回收资金、加强运营管理六方面提出了具体工作要求。	对新购入项目标准、申报推荐程序、参与主体机构、部门协调落实、回收资金运用六方面提出具体要求。	对产品定义、参与主体资质与职责、产品注册、基金份额发售、投资运作、项目管理、信息披露、监督管理等进行规范。	对加快 REITs 市场建设、完善审核注册机制、加强监管规范、完善协调机制和配套政策等方面提出具体要求。
自律管理层面					
管理机构	上海证券交易所深圳证券交易所	中国证券登记结算有限责任公司	中国证券业协会	中国证券投资基金业协会	
政策文件	《公开募集基础设施证券投资基金业务办法》	《公开募集基础设施证券投资基金登记结算业务实施细则》	《公开募集基础设施证券投资基金网下投资者管理细则》	《公开募集基础设施证券投资基金尽职调查工作指引》	《公开募集基础设施证券投资基金运营操作指引》
主要内容	规范了公开募集基础设施证券投资基金上市审核、发售认购、上市交易、收购及信息披露等业务活动。	对基础设施 REITs 登记结算业务的具体内容进行规范。	规范了基础设施 REITs 网下询价和认购，基础设施基金定价和发行秩序具体内容。	规范了对基础设施项目和业务参与人的尽职调查要求。	规范了基础设施 REITs 的财务报表编制、收益分配、信息披露等业务操作。

第二节　基础设施 REITs 发行整体情况

受宏观环境影响，2023 年基础设施 REITs 经历了市场整体下行，但随着 REITs 权益认定制度出台、投资政策不断完善、投资者预期持续好转，2024 年市场持续恢复向好，我国基础设施 REITs 发展势头旺盛。

截至目前，我国已有 45 只基础设施 REITs 成功上市，资产类型扩展至交通设施、仓储物流、产业园区、生态环保、保障房、新能源、消费基础设施七大类。市场整体发行规模达 1393.88 亿元（含扩募规模 50.65 亿元），总市值超 1200 亿元。

从资产大类分布看，产权类产品 27 只，收益权类产品 18 只。

从行业分布情况看，产业园区 11 只、交通设施 10 只、保障房 5 只、新能源 6 只、仓储物流 4 只、消费 7 只、生态环保 2 只。

从地域分布情况看，发行主体多位于北京市、广东省、上海市，其中北京市 12 只，上海市 8 只，广东省 8 只，深圳市 4 只，安徽省、江苏省、浙江省各 2 只，河北省、山东省、湖北省、福建省、新疆维吾尔自治区、四川省各 1 只。

已上市产品的底层资产运营情况保持较高水平，绝大部分项目 2023 年营业收入和可供分配金额同比实现正增长，并达到或超过预期。2023 年平均营业收入完成率为 102%，平均可供分配金额完成率为 105%。我国基础设施 REITs 正式迈入常态化发行新阶段，市场已形成"首发+扩募"双轮驱动的格局，REITs 投资者类型逐步丰富，市场流动性不断提升。

第三节　基础设施 REITs 政策要点

根据《关于全面推动基础设施领域不动产投资信托基金（REITs）项目常态化发行的通知》，国家发展改革委在深入总结试点经验的基础上，在深入总结试点经验的基础上，制定的政策要点如下：

一是进一步聚焦重点，明确审核内容和把关标准。常态化发行阶段，国家发展改革委不再对项目未来收益率提出要求，更多交由市场自行判断、自主决策；不再对国资转让等法律法规已有明确规定的转让事项作出要求，改由企业依法依规自行办理。

二是进一步简化程序，提高申报推荐效率。简化工作流程，取消前期辅导环节，改为由省级发展改革委或中央企业直接申报；明确各环节时限要求，严格限定省级发展改革委的退回或受理时间、咨询评估机构提出问题次数以及项目方反馈时间，进一步提高申报推荐效率。

三是进一步压紧压实各方责任，确保权责一致。严明惩戒纪律，对于申报时敷衍塞责、隐瞒事实、弄虚作假等情况，国家发展改革委将视情况采取暂停受理、函告中国证监会和有关行业主管部门等监管措施。

四是进一步优化政策空间，激发市场活力。在征求各方面意见基础上，回应有关方面的实际诉求，适当扩大发行范围，增加了清洁高效的燃煤发电、养老设施等资产类型。调整优化规模要求，明确对于行业共性原因导致缺乏可扩募资产的项目，以及首次发行规模超 50 亿元的项目，可适当放宽可扩募资产的规模要求。提高回收资金使用灵活度，取消用于存量资产收购的 30% 比例上限，将用于补充流动资金的比例上限从 10% 提高至 15%。

第四节　基础设施 REITs 发行流程及审核要点

一、发行流程

1. 项目筛选与准备

首先，确定项目资产，发起人（原始权益人）根据相关政策要求和自身资产状况，挑选出适合发行 REITs 的基础设施项目。其次，进行资产梳理与整合。对选定的项目资产进行全面梳理，包括理清资产的产权关系、合同关系、财务状况等。如有必要，可能需要对多个相关的资产进行整合，以形成一个具有规模效应和独立性的资产包。发起人（原始权益人）联合基金管理人、财务顾问、律师事务所、会计师事务所、资产评估机构等专业机构，组建项目发行团队。各专业机构在发行过程中承担着不同的职责，如基金管理人负责基金的运作管理，财务顾问协助制定发行方案和进行市场推广，律师事务所负责法律合规审查，会计师事务所进行财务审计，资产评估机构对资产进行估值等。

2. 申报与审核

发起人（原始权益人）向项目所在地的省级发展改革委提交基础设施

REITs 项目申报材料（中央企业可直接向国家发展改革委申报），申报材料通常包括项目的基本情况、资产状况、运营情况、财务数据、法律合规性等方面的信息。省级发展改革委对申报项目进行初步审核，主要审查项目是否符合国家重大战略、宏观调控政策、产业政策、固定资产投资管理法规制度等要求，并出具专项意见，并将符合要求的项目推荐至国家发展改革委，国家发展改革委将按照咨询评估管理有关规定，及时选取咨询评估机构进行评估。对于评估建议推荐、委内相关司局无不同意见的，国家发展改革委将向中国证监会推荐并转送项目材料。

3. 尽职调查与估值定价

基金管理人、财务顾问等相关机构对项目资产进行全面的尽职调查。根据尽职调查的结果，资产评估机构采用合适的估值方法对项目资产进行估值定价。目前国内主要采用现金流折现法等方法，将项目资产未来预期能产生的运营现金流折算成当前的价值，以此确定基金份额的发行价格。

4. 基金份额发售

分为战略配售、网下询价与定价、网下配售与公众投资者认购三个环节。基础设施 REITs 项目通常会设置战略配售环节，邀请一些战略投资者参与认购基金份额。基金管理人或财务顾问通过网下询价平台向网下专业机构投资者询价，确定基金份额的认购价格。网下专业机构投资者根据项目的情况和自身的投资判断，提交认购报价和申购数量。基金管理人根据询价结果，综合考虑市场需求、项目估值等因素，确定最终的基金份额认购价格。在确定认购价格后，进行网下配售和公众投资者认购。网下配售是向符合条件的网下投资者分配基金份额；公众投资者则可以通过证券交易所的交易系统或基金销售机构等渠道，按照询价确定的认购价格参与认购。募集期原则上不得超过 5 个交易日。

5. 基金成立与上市

募集期届满，基金管理人根据认购情况确定最终的募集规模和份额分配结果。如果募集的资金达到规定的要求，基金管理人将宣布基金成立，并向中国证监会报送相关材料。基金管理人向中登公司办理基金份额登记手续，并与交易所协商确定上市时间。基金份额在交易所上市交易后，投资者可以在二级市场进行竞价交易，实现基金份额的流通和转让。

二、审核要点

1. 项目基本条件符合性

申报项目应当权属清晰、资产完整、运营稳定、收益良好，资产规模应满足要求，相关参与方应信用状况良好。

项目权属清晰。项目应权属清晰、资产范围明确，发起人（原始权益人）依法合规直接或间接拥有项目所有权、经营收益权（含特许经营权，下同），不存在重大经济或法律纠纷。项目公司依法完全持有拟发行基础设施REITs 的底层资产。土地、海域使用依法合规，用地性质符合土地管理相关规定。项目近 3 年未出现安全、质量、环保等方面的重大问题或影响项目稳定运营的重大合同纠纷。

底层资产完整。项目原则上应将实现资产功能作用所必需的、不可分割的各组成部分完整纳入底层资产范围；特殊情况下无法全部纳入底层资产的，应采取有力举措保障底层资产运营管理的稳定性。对于园区基础设施等项目，鼓励将资产所属同一建筑物全部纳入底层资产，特殊情况下未纳入部分资产占单体建筑的面积原则上不得超过 30%，最高不得超过 50%。

运营收益良好。项目运营时间原则上不低于 3 年。对于能够实现长期稳定收益的项目，可适当降低运营年限要求。不存在可能对未来长期稳定运营产生重大影响的风险因素。项目收益来源合理分散，直接或穿透后应来源于多个现金流提供方；因商业模式或者经营业态等原因，现金流提供方较少的，商业模式应合理稳定，重要现金流提供方应当资质优良，财务状况稳健。项目收入来源中包含政府补贴的，应为按行业统一规定提供的补贴、不得为针对特定项目的专门补贴。项目现金流投资回报良好，近 3 年经营性净现金流均为正。最近 3 个会计年度的平均息税折旧摊销前利润（或经营性净现金流），不低于未来 3 个会计年度平均预计息税折旧摊销前利润（或经营性净现金流）的 70%；对于运营时间不足 3 年，但能够实现长期稳定收益的项目，在确保风险可控的前提下，可合理确定相关要求。

资产规模符合要求。对于首次发行基础设施 REITs 项目，当期目标不动产评估净值原则上不低于 10 亿元（租赁住房项目和养老设施项目不低于 8 亿元）。发起人（原始权益人）具有较强扩募能力，以控股或相对控股方式持有、基本具备发行基础设施 REITs 条件的各类资产合计规模（如高速公路通车里程、园区建筑面积、污水处理规模等）原则上不低于拟首次发行资产规模的 2 倍。对于因行业共性原因导致确实缺乏其他可扩募资产的项目，以及首次发行规模超 50 亿元的项目，可适当放宽可扩募资产规模要求。对于已发行基础设施 REITs 新购入项目，不作规模要求。同一发起人（原始权益人）所属的同类项目，原则上应通过同一基础设施 REITs 平台以新购入方式发行上市。

参与方经营状况良好。发起人（原始权益人）、项目公司、运营管理机构近 3 年在投资建设、生产运营、市场监管、税务等方面无重大违法违规记录，未发生重大安全生产事故。发起人（原始权益人）、运营管理机构财务状况良好、经营稳健。对于租赁住房、消费基础设施、养老设施等类型项目，发起人（原始权益人）应为开展相关业务的独立法人主体，不得从事商品住宅开发业务。运营管理机构或其主要运营团队具备丰富的项目运营管理经验，具有持续经营能力。基金管理人、资产支持证券管理人资质情况按照中国证监会相关要求执行。

中介机构符合执业要求。为项目提供服务的律师事务所、应符合国家重大战略、宏观调控政策、产业政策、固定资产投资管理法规制度等要求，从法律法规、投资管理角度具备可转让性。

2. 项目合规性

申报项目应符合国家重大战略、宏观调控政策、产业政策、固定资产投资管理法规制度等要求，从法律法规、投资管理角度具备可转让性。

符合宏观管理政策要求。项目不得与国家重大战略、国家宏观调控政策，国民经济和社会发展总体规划、有关专项规划和区域规划（实施方案），《产业结构调整指导目录》和相关行业政策规定相违背。外商投资项目还应符合外商投资准入负面清单等有关政策要求。

投资管理手续齐备。项目应依法依规取得各项固定资产投资管理手续，包括项目审批、核准或备案手续，规划、用地、环评、施工许可、竣工验收以及节能审查、取水许可等依据相关法律法规应办理的其他重要手续，符合生态保护红线管理的相关规定。外商投资项目应取得国家利用外资有关手续。

土地使用依法合规。不存在重大法律瑕疵或争议。确保项目所使用的土地在用途、期限等方面符合法律法规要求，不会因土地问题影响项目的正常运营和价值。

从法律法规、政策规定、投资管理等角度具备可转让性。如国家和地方有关法规制度及政策文件，项目审批、核准或备案手续，土地出让合同（或土地租赁协议）、特许经营协议或 PPP 合同及园区入园协议（如有）中对项目公司名下的土地使用权、项目公司股权、经营收益权、建筑物及构筑物转让或相关资产处置存在任何限定条件、特殊规定约定，相关有权部门或协议签署机构应对项目以 100% 股权转让方式发行基础设施 REITs 无异议。企业内部决策、国资转让、分拆上市、融资限制条件等事项，由发起人（原始权益人）按照法规制度、监管要求、公司章程等自行办理，发展改革部门不予判断。

政府和社会资本合作（PPP）项目还应满足收入来源需使用者付费、项目运营稳健正常、符合特许经营管理规定等要求。

3. 回收资金使用方面

申报项目要形成完善的回收资金使用方案，充分发挥基础设施 REITs 盘活存量资产、促进投资良性循环作用，准确把握回收资金用途。发起人（原始权益人）应将净回收资金主要用于在建项目、前期工作成熟的新建（含改扩建）项目和存量资产收购；用于补充发起人（原始权益人）流动资金等用途的净回收资金比例不超过 15%。回收资金可按照市场化原则依法合规跨区域、跨行业使用，除国家有特殊规定外，任何地方或部门不得设置限制条件。

第五节　发行基础设施 REITs 的主要意义

一、企业角度

1. 搭建长期资本运作平台，打通资产退出渠道

企业发行基础设施 REITs，相当于搭建一个可长期运作的资产上市平台，不仅打通了资产退出渠道，而且也有利于合理搭配资产、改善财务报表和转换经营赛道，对于企业实现资本循环和商业模式转型升级，是长远的解决方案。对于上市公司来说，分拆基础设施项目发行 REITs 是二次资产证券化，形成资本市场"双平台"。对于非上市企业，REITs 可将缺乏流动性的基础设施资产转化为可流通的证券，实现重资产的证券化退出，发挥盘活存量资产、募集资金的效用，提高非上市公司资产证券化率。

2. 改善企业财务报表，降低资产负债率，提升资产收益率

企业发行基础设施 REITs，更加灵活地出售资产，可有效降低企业负债率，改善财务报表，释放融资空间，撬动更大规模的投资，进而增强企业抵御经济波动以及资产价格波动的风险。投资人对 REITs 产品投资价值的判断在客观上激励资金管理人加强资产管理，提升资产收益率。基础设施 REITs 属于权益性融资，是项目资本金再融资或资产重组的重要工具，能够实现原始权益人及其控股股东债务的真正"出表"，有利于降低原始权益人资产负债率。

3. 实现企业战略转型，实现轻重资产分离，提升管理水平

无论是发行并表型还是出表型 REITs，绝大多数企业都可通过继续拥有资产的经营管理权，不会完全丧失对资产的控制力，既可以稳定原有的经营队伍，还能实现轻资产运营转型升级。通过公开市场发行产品，必须及时披露项目运营信息，倒逼企业会更加专注于运营能力提升。资产管理能力或者运营效率特别重要，不仅是投资人最关注的核心要素，也关系到基础设施的社会服务功能能否得到充分发挥。REITs 自身作为潜在市场规模有望达到万亿元的新赛道，为发起人（原始权益人）等利益相关方带来了新的市场机遇。发行 REITs 回收的净资金可以再投资新领域项目或收购其他领域资产，实现赛道转换。

二、地方政府角度

1. 拓宽融资渠道，扩大再投资

地方政府在过去几十年主导了大量基础设施建设，积累了规模庞大的存量资产。通过发行 REITs 将这些优质的基础设施资产证券化，使其在资本市场上流通，可以为地方政府带来新的资金来源。回笼资金再投资用于新的基础设施建设项目，形成资金的良性循环，推动地方经济的持续发展。

2. 降低杠杆率，化解债务风险

地方政府及所属投融资平台在基础设施建设领域投入了大量资金，REITs的发行可以为地方政府早期在基础设施建设方面的投资提供有效的退出渠道，降低地方政府的债务风险和杠杆率。同时，通过将建成的基础设施项目出售给基金持有，实现了建设资金的良性循环，创新了用市场化手段化解地方债务风险的方式。

3. 促进经济发展，推动产业升级，增强区域竞争力

REITs 的发行可以吸引更多的社会资本参与到基础设施建设和运营中，提高基础设施的建设和运营效率，促进相关产业的升级和发展。优质的 REITs 项目可以提升地区的金融影响力和吸引力，吸引更多的金融机构和企业入驻，促进区域经济发展。

4. 优化资源配置，引导资金流向重点领域

REITs 要求底层资产具有稳定的现金流和良好的运营状况，这促使地方政府和相关企业更加注重基础设施资产的运营管理，提高资产的使用效率和盈利能力。通过 REITs 的发行，将分散的基础设施资产进行整合和证券化，实现了资源的优化配置，提高了资产的整体价值。地方政府可以根据地区发展规划和重点项目需求，选择合适的基础设施项目发行 REITs，引导社会资金流向重点领域和薄弱环节，促进区域经济的协调发展。

第五章　盘活存量资产的重点方式研究

改革开放以来，经过长期投资建设，我国在基础设施等领域形成了一大批存量资产，大量沉淀资金有待盘活。近年来，中央高度重视盘活存量资产工作，2022年5月，国务院办公厅印发《关于进一步盘活存量资产扩大有效投资的意见》（国办发〔2022〕19号文），为存量资产和新增投资良性循环打下坚实基础。

第一节　盘活存量资产的背景

经过多年的高速发展后，目前新增投资逐步放缓，各宏观债务及杠杆也有所增加。具体情况如表5-1所示：

表5-1　全国固定资产投资情况

年份	全国固定资产投资额（不含农户）（亿元）	增长率
2019	551478	比上年增长5.4%

续表

年份	全国固定资产投资额（不含农户）（亿元）	增长率
2020	518907	比上年增长 2.9%
2021	544547	比上年增长 4.9%
2022	572138	比上年增长 5.1%
2023	503036	比上年增长 3.0%

资料来源：国家统计局官网。

表 5-2　中国宏观杠杆率（%）

年份	居民部门	非金融企业部门	政府部门	实体经济部门（前三项总和）
2019	56.1	151.9	38.6	246.6
2020	62.3	162.7	45.9	270.9
2021	61.9	154.1	46.8	262.8
2022	62.2	161.5	50.6	274.3
2023	63.5	168.4	56.1	288.0
2024.3	64.0	174.1	56.7	294.8

资料来源：国家金融与发展实验室。

表 5-3　地方政府债券余额

年份	地方政府债券余额（亿元）	增长率
2019	213072.26	—
2020	256614.65	比上年增长 20.43%
2021	304700.30	比上年增长 18.74%
2022	350618.11	比上年增长 15.07%
2023	407372.91	比上年增长 16.19%

资料来源：财政部 政府债务研究和评估中心。

与此同时，存量资产和沉淀资金规模也与日俱增。未来，在严格控制债务风险的同时高效盘活存量资产，提升资金使用效率将成为经济增长的重要突破口之一。

一、我国存量资产规模巨大，种类丰富

1. 存量资产规模巨大，待盘活资产发展潜力巨大

伴随着城市化进程的推进，我国存量资产类型丰富，种类较多，资产规模巨大。仅从基础设施领域看，根据国家统计局对基础设施投资的定义和数据测算，2014~2023 年，基础设施累计投资接近 141 万亿元。具体如表 5-4 所示：

表 5-4 基础设施累计投资及增长率

年份	金额（亿元）	增长率（%）
2014	86408.7	—
2015	101271	17.20
2016	118878	17.40
2017	140005	19.00
2018	145325.19	3.80
2019	150847.55	3.80
2020	152205.18	0.90
2021	158293.39	0.40
2022	173172.97	9.40
2023	183390.18	5.90
合计	1409797.16	—

资料来源：根据国家统计局数据测算。

固定资产投资中有较大部分是土地出让金，而土地出让金不计入 GDP，在基建投资固定资本形成中，基础设施建设的土地交易成本相对较低，因此假设按平均 65% 的基础设施建设固定资本形成率计算，将形成 90 万亿元以上的资产规模。这些存量资产可以通过 REITs、PPP 模式、并购重组、产权交易等多种方式进行盘活，且潜在盘活规模巨大。以门槛相对较高的 REITs 方式为例，北京大学光华管理学院 REITs 课题组结合中国的相关数据，预测中国 REITs 市场的潜在规模有望达 10 万亿元，甚至远超这一规模。欧洲瑞银集团统计，中国适合做基础设施 REITs 的收费公路、交通设施、电力、物流仓储类项目等相关产业潜在市场规模达 39 万亿元。中国 REITs 论坛 2020 年会主席、国务院参事徐宪平表示，我国标准的公募 REITs 产品潜在规模应在 5 万亿~14 万亿元，可以撬动 3 倍约 15 万亿~42 万亿元的投资。

2. 存量资产涉及行业领域繁多，具有深挖潜质

（1）交通运输方面。

根据交通运输部发布《2022 年交通运输行业发展统计公报》显示，我国公路方面，截至 2022 年末，全国公路里程 535.48 万千米，比上年末增加 7.41 万千米。根据《2021 年全国收费公路统计公报》，全国收费公路里程达 18.76 万公里，其中高速公路 16.12 万千米，全年收费公路通行费收入 6630.5 亿元。铁路方面，2022 年末全国铁路营业里程 15.5 万千米，其中高铁营业里程 4.2 万千米。投产新线 4100 千米，其中高铁 2082 千米。其中不乏京沪高铁等项目盈利能力强、收益较高的优质资产。中欧班列已通达欧洲 25 个国家 200 多个城市，全年开行量达 1.6 万列、增长 9%。民航方面，我国境内共有运输机场 254 个，全年完成客运量 2.52 亿人次。港口方面，全国

港口生产用码头泊位 21323 个。进一步推进大宗货物和中长途货物运输"公转铁""公转水"，铁路、水路货运量比上年分别增长 4.4% 和 3.8%，合计占营业性货运量比重较上年提高 1.8 个百分点。加快发展多式联运，港口集装箱铁水联运量完成 874.70 万标准箱，增长 16.0%。城市轨道交通方面，截至 2023 年 11 月，31 个省（自治区、直辖市）和新疆生产建设兵团共有 55 个城市开通运营城市轨道交通线路 300 条，运营里程 9915.6 公里，实际开行列车 321 万列次，完成客运量 25.8 亿人次，进站量 15.5 亿人次。物流仓储方面，据物联云仓《中国通用仓储市场动态报告》测算，截至 2024 年 4 月，全国通用仓储总面积为 41，699.7 万平方米。全国平均租金为 23.29 元/平方米每月。

（2）能源方面。

根据机构报告显示，2023 年，燃煤发电量占全球发电量的 35%，其中中国占全球发电量的 55%。燃煤发电是电力行业排放量最大的来源，也是整个全球经济体排放量最大的来源。根据国际能源署净零排放方案，2030 年前，成熟经济体须逐步淘汰有增无减的燃煤电厂。2045 年前，新兴经济体须逐步淘汰燃煤电厂。到 2030 年，燃煤发电量在全球电力结构中的占比将从现在的 35% 降至 14%。

在中国快速的经济增长下，中国 2023 年的电力需求（9441 TWh）比 2000 年（1347 TWh）高出 7 倍多，燃煤发电量增长五倍多，从 1060 TWh 增至 5716 TWh（中国的燃煤发电量占总发电量约为 60%），这导致碳排放量也增长 5 倍多。2000 年，中国仅有 18% 的电力来自清洁能源，但是该比率不断上升，于 2023 年达到 35%。自 2015 年以来，风力、太阳能以及核能发电的快速增长使清洁电力的占比增加了 9%。

我国力争实现 2030 年前碳达峰和努力争取 2060 年前碳中和的目标。根据 2021 年国家发展改革委、国家能源局印发《全国煤电机组改造升级实施方案》，要求加快淘汰煤电落后产能。可以预见到清洁能源发电将会逐步增加占比，燃煤发电将会逐步减少占比。我国在城市化进程中，越来越多的落后火电厂存在"退城进郊"、异地建设等情况。未来，我国将会存在越来越多待盘活火电厂，而清洁能源则可通过发行 REITs 的方式提高投资资金使用效率、拓宽社会投资渠道，如已经发行的"嘉实中国电建清洁能源 REITs"。

（3）污水垃圾处理、固体废物治理方面。

根据生态环境部、住房和城乡建设部于 2021 年 1 月联合公布全国 31 个省（区、市）的 876 家设施单位。其中，共有 175 家环境监测设施、289 家城市污水处理设施、203 家垃圾处理设施及 209 家危险废物或电子废弃物处理设施单位。而单一污水处理厂投资就达到几亿甚至十几亿元，举例来说，广西绿城水务股份有限公司 2023 年 4 月发布公告，广西绿城水务股份有限公司为六景工业园区水质净化厂、六景工业园区南部水质净化厂特许经营社会资本方采购的中标人，项目估算总投资约为 13.7 亿元。全国上百个污水、固体垃圾处理厂或已沉淀超千亿资金。

（4）文化旅游方面。

根据文旅部发布的《中华人民共和国文化和旅游部 2022 年文化和旅游发展统计公报》显示，2022 年末，纳入统计范围的全国各类文化和旅游单位 31.40 万个，比上年末增加 0.19 万个。其中，各级文化和旅游部门所属单位 6.81 万个，增加 0.28 万个。

2022 年末，全国通过统计直报系统报送的各类文化市场经营单位共计

20.28 万家，营业收入 14106.44 亿元，营业利润 2349.97 亿元。全国共有 A 级景区 14917 个，全年接待总人数 26.3 亿人次，实现旅游收入 1818.5 亿元。国内旅游总人次 25.30 亿，国内旅游收入（旅游总消费）2.04 万亿元。文旅行业作为热门投资赛道，产业规模不断扩大。但在发展的过程中，文旅行业内累积了大批存量资产。

（5）产业园区方面。

国新办于 2024 年 4 月举行 2024 中关村论坛有关情况发布会，工业和信息化部会上介绍，2023 年全国 178 个国家高新区实现园区生产总值 18 万亿元，占全国 GDP 比重约 14%；实现工业增加值 9.2 万亿元，占全国比重约 23%。178 家国家高新区集聚了全国约 30% 的高新技术企业、40% 的专精特新"小巨人"企业、60% 的科创板上市企业。根据亿翰产业研究院特推出《产业园区市场供需分析》报告显示，2023 年，我国厂房及建筑物竣工面积从 2020 年的 4.9 亿方增长至 7 亿方。2023 年则大约有 1.4 亿方园区项目入市。

经过多年的建设运营，产业园区方面沉淀了大量的建设资金，仅 2023 年我国厂房及建筑物竣工价值达 12925 亿元。目前已上市的产业园区 REITs 已达 9 支，发行规模近 200 亿元。未来随着 REITs 市场不断扩大，产业园区通过 REITs 市场盘活前景十分广阔。

（6）商业性物业类。

商业综合体以及写字楼等资产也沉淀了大量的资金。根据前瞻产业研究院统计，截至 2023 年底，国内购物中心项目存量接近 7383 个（统计标准为商业建筑面积≥3 万平方米的购物中心），其中 2023 年购物中心实际开业数量 317 家。根据赢商大数据，2022 年底，全国购物中心存量项目面积达 5.03 亿平方米，同比增长 5.9%。2023 年购物中心运营服务市场总建筑面积达

5.17 亿平方米，同比增长 2.8%。

除上述产业外，我国还在市政供水、供气、供热、大数据中心等传统和新型基础设施领域积累了大量优质存量资产。大量存量优质资产利用率不足，但预期现金流稳定，因此通过 REITs、PPP 或其他方式将存量资产盘活，盘活后所回收的资金既可用来腾挪替换借贷资金，有效化解债务风险，也可投入新的项目建设。由于回收资金基本上都是权益型资金，按照 20% 的资本金比例测算，如果以 REITs 方式盘活存量资产回收 10 万元亿资金，在新的项目投资中，理论上还可以带动 40 万亿元债权资金。

二、政策力度不断加大

国务院高度重视资产盘活工作。为加快推进存量资产盘活，积极扩大有效投资，2022 年 5 月，国务院办公厅印发《关于进一步盘活存量资产扩大有效投资的意见》（国办发〔2022〕19 号）。文件强调，有效盘活存量资产，形成存量资产和新增投资的良性循环，对于提升基础设施运营管理水平、拓宽社会投资渠道、合理扩大有效投资以及降低政府债务风险、降低企业负债水平等具有重要意义。19 号文共提出六方面 24 条管理措施，为盘活存量资产指明了方向，提供了制度保障。

2023 年 9 月 29 日，国务院办公厅印发《关于释放旅游消费潜力推动旅游业高质量发展的若干措施》的通知（国办发〔2023〕36 号）。指出要优化完善盘活方式，根据项目情况分类采取盘活措施，用好各类财政、金融、投资政策，支持旅游企业盘活存量旅游项目与存量旅游资产。

在国务院统筹指导下，各部委积极配合落实国务院有关资产盘活的工作指示：

2020 年 4 月 24 日，中国证监会、国家发展改革委联合印发《关于推进基础设施领域不动产投资信托基金（REITs）试点相关工作的通知》（证监发〔2020〕40 号）正式开展 REITs 试点工作。2021 年 6 月 29 日，国家发展改革发布《关于进一步做好基础设施领域不动产投资信托基金（REITs）试点工作的通知》（发改投资〔2021〕958 号），将基础设施 REITs 领域扩展到文化和旅游领域，积极支持相关领域拓展融资渠道，助力资产盘活。

2021 年 2 月 22 日国家发展改革委印发《引导社会资本参与盘活国有存量资产中央预算内投资示范专项管理办法》（发改投资规〔2021〕252 号）。助力推动形成以国内大循环为主体、国内国际双循环相互促进的新发展格局，加强引导社会资本参与盘活国有存量资产。

2022 年 6 月 19 日，国家发展改革委发布《关于做好盘活存量资产扩大有效投资有关工作的通知》（发改办投资〔2022〕561 号）。通知强调，要建立协调机制，统筹推动盘活存量资产工作；建立盘活存量资产台账，精准有力抓好项目实施；灵活采取多种方式，有效盘活不同类型存量资产；推动落实盘活条件，促进项目尽快落地；加快回收资金使用，有力支持新项目建设；加大配套政策支持力度，扎实推动存量资产盘活；开展试点示范，发挥典型案例引导带动作用；加强宣传引导和督促激励，充分调动参与积极性。

2022 年 12 月，国家发展改革委发布《国家发展和改革委员会办公厅关于印发盘活存量资产扩大有效投资典型案例的通知》（发改办投资〔2022〕1023 号），通知中列示了 8 类典型盘活案例。分别为：①盘活存量资产与改扩建有机结合案例；②挖掘闲置低效资产价值案例；③发行基础设施领域不动产投资信托基金（REITs）案例；④政府和社会资本合作（PPP）/特许经营案例；⑤发行资产支持专项计划（商业票据）案例；⑥产权交易案例；

⑦作价入股案例；⑧其他盘活方式案例。为盘活存量资产提供了可复制可借鉴的典型案例。

2019年9月30日，农业农村部发布《农业农村部关于积极稳妥开展农村闲置宅基地和闲置住宅盘活利用工作的通知》。通知要求，鼓励利用闲置住宅发展符合乡村特点的休闲农业、乡村旅游、餐饮民宿、文化体验、创意办公、电子商务等新产业新业态，以及农产品冷链、初加工、仓储等第一、第二、第三产业融合发展项目。

2023年1月11日，财政部发布《财政部关于盘活行政事业单位国有资产的指导意见》（财资〔2022〕124号）。意见指出，近年来，行政事业单位国有资产规模不断壮大，管理水平不断提高，但还存在部分资产统筹不够、使用效益不高等现象。要落实政府过紧日子要求，有效盘活行政事业单位国有资产。

2023年9月5日，自然资源部发布《自然资源部关于开展低效用地再开发试点工作的通知》（自然资发〔2023〕171号）。通知强调长期以来，在一些城镇和乡村地区，包括城中村、老旧厂区，普遍存在存量建设用地布局散乱、利用粗放、用途不合理等问题，要聚焦盘活利用存量土地，提高土地利用效率，促进城乡高质量发展。

2023年11月1日，文化和旅游部印发《国内旅游提升计划（2023—2025年）》，计划中提到："推动盘活闲置低效旅游项目。优化完善盘活方式，根据项目情况分类采取盘活措施，用好各类财政、金融、投资政策，支持旅游企业盘活存量旅游项目与存量旅游资产。"

第二节 盘活存量资产的重点方式

一、方式介绍

（一）政府和社会资本合作（PPP）

政府和社会资本合作（Public-Private Partnership，PPP），是指政府为增强公共产品和服务供给能力、提高供给效率，通过特许经营、股权合作等方式，与社会资本建立的利益共享、风险共担及长期合作关系。PPP 模式适用于投资规模较大、需求长期稳定、价格调整机制灵活、市场化程度较高的基础设施及公共服务类项目。参考世界银行和欧盟委员会等的分类方式，并参考我国应用现状，PPP 模式的具体形式可分为三大类及 15 种项目运作模式①，如表 5-5 所示。

表 5-5 项目运作模式概念

分类			项目运作模式	含义	概念
外包类	模块式外包	管理外包	MC	Management Contract（管理合同）	政府保留存量公共资产的所有权，将公共资产的运营、维护及用户服务职责授权给社会资本或项目公司的项目运作方式，政府向社会资本或项目公司支付相应管理费用。适用于存量项目。合同期限一般在 3 年以内

---

① 杨伟东等.PPP 项目法律实务［M］.人民法院出版社，2017.

续表

分类		项目运作模式	含义	概念
外包类	模块式外包 / 服务外包	SC	Service Contract（服务合同）	政府将基础设施的服务外包给私企，但仍负责设施的运营和维护等，承担项目的融资风险。时间一般小于5年
	整体式外包	O&M	Operation Maintenance（委托运营）	政府保留存量共同资产的所有权，而仅将公共资产的运营维护职责委托给社会资本或项目公司，并向社会资本或项目公司支付委托运营费用。适用于存量项目。合同期限：≤8年
		DBO	Design-Build-Operate（设计—建造—运营）	承包商在业主手中以某一合理总价承包设计并建造一个公共设施或基础设施，并且负责运营该设施，满足在该设施试用期间的公共部门的运作要求。承包商负责设计的维护保养以及更换在合同期内已经超过其使用期的资产，在该合同期满后，资产所有权交回业主或公共部门。DBO的特点可概括为"单一责任"和"功能保证"。DBO合同中的承包商承担设计、建造和运营的责任，对项目是否达到预定的技术标准和进度要求负责，由于DBO中的设计–建造部分采用总价包干的方式，必须对项目的建造费用控制负责，并通过运营的考验确保将来向业主移交一个符合运营要求的设施

分类	项目运作模式	含义	概念
特许经营类	TOT	Transfer-Operate-Transfer（转让—运营—移交）	政府部门将存量资产所有权有偿转让给社会资本或项目公司，并由其负责运营、维护和拥护服务，合同期满后资产及其所有权等移交给政府的项目运作方式。适用于存量项目。
	ROT	Rehabilitate-Operate-Transfer（改建—运营—移交）	政府在 TOT 模式的基础上，增加改扩建内容的项目运作方式。适用于存量项目。
	BOT	Build-Operate-Transfer（建造—运营—移交）	社会资本或项目公司为设施融资并负责其建设，完工后即将设施所有权移交给政府，随后政府再授予其经营该设施的长期合同。适用于新建项目
	BLOT	Build-Lease-Operate-Transfer（建造—租赁—运营—移交）	私人部门与公共部门签订租赁合同，由私人部门在公共土地上投资，建设基础设施，并在租赁期内经营该设施。合同结束后将该设施移交给公共部门
	BOOT	Build-Own-Operate-Transfer（建造—拥有—运营—移交）	由社会资本或项目公司承担新建项目设计、融资、建造、运营、维护和拥护服务职责，合同期满后项目资产及相关权利等移交给政府的项目运作方式。适用于新建项目。
	BLT	Build-Lease-Transfer（建造—租赁—移交）	政府出让项目建设权，由社会资本或项目公司负责项目的融资和建设管理，在项目建成后租赁给政府，并由政府负责项目运行和日常维护，社会资本或项目公司用政府付给的租金收入回收项目投资、获得合理回报，租赁期结束后，项目所有权移交给政府。适用于新建项目

续表

分类		项目运作模式	含义	概念
特许经营类		BTO	Build-Transfer-Operate（建造—移交—运营）	社会资本或项目公司通过投标等方式，从政府部门获得对某个项目的特许权，一般合同期限为20~30年。然后项目公司对新建项目进行运作，包括设计、融资、建造、运营、维护和拥护运营维护等，并获得项目收益。一般政府还会给予某些优惠用以吸引投资人。在特许期结束后，将该项目资产和相关权利无偿或有偿移交给政府。BOT模式主要用于收费公路、电厂、废水处理设备等基础设施项目，是我国基础设施建设PPP项目的重要运作方式
		DBFO	Design-Build-Finance-Operate（设计—建造—融资—经营）	一种服务采购策略，明确规定了服务结果和绩效标准。其创新点在于它不是传统的资本性资产采购
私有化类	完全私有化	BOO	Build-Own-Operate（建造—拥有—运营）	私人部门投资、建设并永久拥有和经营某基础设施，在与公共部门签订的原始合同中注明保证公益性的约束条款，受政府管理和监督。合同期限为永久
		PUO	Purchase-Update-Operate（购买—更新—运营）	私人部门购买现有基础设施，经过更新扩建后经营该设施，并永久拥有该设施的产权。在与公共部门签订的购买合同中注明保证公益性的约束条款，受政府管理和监督。合同期限为永久
	部分私有化	股权转让		公共部门将现有设施的一部分所有权转让给私人部门持有，但公共部门一般处于控股地位。公共部门与私人部门共同承担各种风险。合同期限为永久
		合资兴建		公共部门和私人部门共同出资兴建公共设施。私人部门通过持股方式拥有设施，并通过选举董事会成员对设施进行管理。公共部门一般处于控股地位，与私人部门一同承担风险。合同期限为永久

资料来源：据公开材料整理。

PPP 模式的主要优势在于：第一，拓宽基础设施资金来源，促进民间资本进入基础设施领域，推进投融资方式的创新。第二，有利于形成"利益共享、风险共担、全程合作"的合作模式，使得政府的财政支出更少，企业的投资风险更低，实现双赢。第三，有效提升公共服务质量及基础设施品质。

PPP 模式的劣势在于：第一，PPP 项目前期工作复杂，涉及政策多且政策变化大，审批过程冗长。第二，初始合同签订可能缺乏足够的灵活性，难以应对项目实际进行中突发的各类风险。如，地方领导换届、新政策出台、同类竞争项目出现，都可能影响 PPP 合作成功与否。第三，项目前期投资大，回报周期长且无法确保项目维持长期稳定持续盈利。第四，我国部分基础设施、公共设施的收费资源并未市场化，是由政府监管机构定价，如水费、电费等。第五，项目使用的特许经营制度及特许权协议可能形成垄断。

（二）资产证券化（ABS）

资产支持证券（Asset-backed Securities，ABS），是指以基础资产未来所产生的现金流为偿付支持，通过结构化设计进行信用增级，在资本市场发行债券来筹集资金的一种项目融资方式。ABS 的实施关键是对各类资产未来现金流的测算，并以此为保障，提前出售 ABS 产品，收回投资金额。并通过设立 SPV（特别目的载体），将待证券化资产的风险和收益有效转移，从而使项目原始受益人获益。Wind 公布数据显示（见图 5-1），2023 年新增 ABS 发行项目 1803 只，发行规模达 1.9 万亿元。

ABS 模式的主要优势在于：第一，通过证券市场发行债券筹集资金，有效提高融资规模。第二，面向众多投资者发行，转移并分散了筹资方的风险。第三，ABS 债券普遍具有较高的信用评级，丰富了投资者的投资渠道。第四，减少了筹资方项目建设资本金的占用。同时，投资者无须直接参加工程的建

存管证券已上市总市值资产证券化产品　现货价：ABS（通用）：国内

最新值：1.92万（亿元）

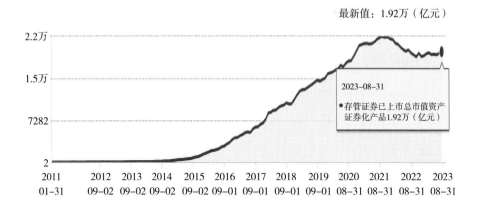

图 5-1　ABS 产品发行规模

资料来源：Wind 数据库。

设和经营，投资准入门槛有效降低。

ABS 模式的劣势在于：第一，资产证券化自身可以作为底层资产，被多次证券化形成其他衍生品，引发金融市场及实体经济的连锁反应。第二，ABS 本身的存续期间较短，可能无法覆盖整个项目周期，存在时间错配问题。

（三）PPP+ABS

PPP+ABS 是将 PPP 与 ABS 相结合，是以 PPP 项目为标的物的 ABS。2016 年 12 月 26 日，国家发展改革委、中国证监会联合发布《关于推进传统基础设施领域政府和社会资本合作（PPP）项目资产证券化相关工作的通知》，联合发文力推 PPP+ABS 的创新融资模式。

相较于普通的 ABS，PPP+ABS 对盘活 PPP 项目基础资产具有重要意义。虽然 PPP 项目可以吸引社会资本参与，但是投资规模大、回报周期长。通过引入 ABS 将项目未来现金流打包上市标准化流通，可以加快社会投资者的资金回收、丰富社会资本的退出方式、提高 PPP 项目的流动性和规范程度。

然而，PPP+ABS 模式的主要风险点在于：第一，PPP 项目期限和 ABS 产品时间存在错配。ABS 产品的存续期较短，而 PPP 项目的持续时间基本为十年以上，根据 PPP 新机制要求，最长可申请 40 年的特许经营权。第二，PPP 产品本身具有一定的公益属性，将其作为基础资产发行 ABS，容易因为低盈利性而缺乏市场竞争力。第三，PPP+ABS 产品的发行期限较长，发行要求苛刻，因此流动性相对较差。

（四）资产支持票据（ABN）

资产支持票据，是指非金融企业（即"发起机构"）为实现融资目的，采用结构化方式，通过发行载体发行的，由基础资产所产生的现金流作为收益支持的，按约定以还本付息等方式支付收益的证券化融资工具。ABN 推出目的为帮助原本在银行间债券市场信用级别低于 AA 级的、发行债券较为困难的企业，利用证券化技术剥离盘活优质资产，缓解融资难题。

截至 2023 年底，ABN 共发行 340 只，发行总额为 3200 多亿元。

ABN 的优势在于：第一，ABN 由交易商协会主管、审批方式为注册制，审批速度较快。相比而言，ABS 由证监会主管、审批方式为审批制。第二，ABN 在银行间市场流通，能够进一步拓宽企业的融资渠道（ABS 在交易所市场流通）。第三，与 ABS 相同，ABN 的融资规模不受净资产规模限制，且融资期限灵活，募集资金用途秩序符合国家产业政策即可而并无明确规定。

ABN 的劣势在于：第一，基础资产所产生的风险。例如，基础资产债务人违约风险、企业应收账款中债务人提前偿付等。第二，由于 ABN 模式可以由发起机构自主选择是否设立特殊目的载体（SPV），因此风险可能来源于 SPV，也可能来源于发起机构自身。

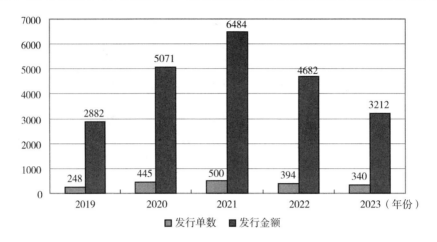

图 5-2　2019～2023 年 ABN 发行数量和规模（单位：单、亿元）

资料来源：Wind 大公国际整理库。

（五）不动产信托投资基金（REITs）

REITs 全称为不动产投资信托基金，20 世纪 60 年代由美国提出，是一种以权益型为主的资产证券化手段。2020 年，国家印发了《关于推进基础设施领域不动产投资信托基金（REITs）试点相关工作的通知》，标志着我国基础设施 REITs 的起步。我国 REITs 既继承了国际上对其资产证券化基本原理的认识，也因地制宜、发展出自己的特点。从产品结构来看，我国 REITs 采取契约模式，设计思路为"公募积金+ABS"，即原始权益人将底层资产出售给资产支持专项计划，由基金管理人募集基金对该计划投资，并强制分红。该过程由原始权益人、专项计划管理人、公募基金管理人、运营管理机构、托管人、投资人等多方合作完成，结构较为复杂。用一句话来概括 REITs，即"不动产资产的 IPO"。

REITs 所投资的不动产能够产生长期、稳定的现金流。目前在我国，主要能发行 REITs 的资产包括交通基础设施：主要包括收费公路、铁路、机场、港口等。能源基础设施：主要包括风电、光伏发电、水力发电等。市政基础设施：主要包括城镇供水、供气、供热项目等。生态环保基础设施：包括城镇污水处理、固废危废处理基础设施等。仓储物流基础设施：包括通用仓库、冷库等。园区基础设施：包括自由贸易区、国际级新区、工业厂房等。新型基础设施：主要包括数据中心、人工智能基础设施项目等。租赁住房：包括保障性租赁住房、公共性租赁住房等。水利设施：包括供水、发电等设施项目。文化旅游基础设施：包括自然文化遗产、国家 5A 级景区等。消费基础设施：包括百货商场、农贸市场、家具建材市场等。养老设施：包括非公办养老服务项目等。

依据投资对象，REITs 可大致被分为三类。①权益型 REITs：直接拥有不动产资产，主要收入来源是租金及资产增值收益。②抵押型 REITs：主要投资对象是房地产抵押贷款或抵押贷款支持证券（MBS），主要收入来源是抵押贷款和 MBS 的利息。③混合型 REITs：投资对象既包括物业、也包括抵押贷款和 MBS。

REITs 模式的主要优势在于：第一，有利于提高不动产沉淀资金的流动性。提升资金周转率，支持后续的规模化开发，形成良性的投融资闭环。第二，形成专业化管理模式，改变传统企业自建、自持不动产的重资产运营模式，为企业提供战略转型新思路。第三，REITs 具有优质的投资特性（优秀的长期表现、抗通胀特性、风险分散功能、高分红、收益平稳等），将会成为提高居民财产性收入的重要金融资产类型之一。

REITs 模式的劣势在于：第一，上市交易的 REITs 容易受到股市波动和不动产市场波动的双重影响，影响基金的收益水平。第二，REITs 可能内在隐藏利率风险、违约风险、预付风险、周转风险等。

（六）类 REITs

类 REITs 是指部分符合了国外成熟市场 REITs 标准的产品。差异具体表现在交易结构、税负水平、运营方式、收入来源、收益分配方式、募集范围等，如表 5-6 所示：

表 5-6　国外与国内 REITs 对比

差异分类	国外主流 REITs	我国类 REITs
交易结构组织形式	公司型（通过股权方式在资本市场公开上市融资和交易）、契约型（发行专项资产管理计划）	契约型
税负水平	REITs 收益分配达到一定比例（90%）后，分配给投资者的部分免征公司层面所得税	资产转移过程中需缴纳公司所得税、土地增值税等较高税负
收入来源	具有法律法规相关要求，REITs 公司或计划会购入新资产，但大部分收入来源于可产生稳定收入的房地产租金，相关处置收入或其他合格投资收益	未设立法律法规相关要求，目前大部分来自项目成立时的基础物业公司运营收入、处置收入等
分配要求	90%收益分配给投资者，可长期持有	分为优先级和 B 级或次级，优先级享有固定收益，B 级或次级可享有物业处置收益但通常期限较短
募集形式	具有公募 REITs，成立时在 100 人以上，上市公开发行时股东数量要求更高	一般在 200 人以下，原始权益人拥有的优先回购权，可能影响以公募 REITs 形式退出

（七）PRE-REITs

PRE-REITs 实际上是针对后期 REITs 上市进行的一种投资行为，实质是为了发行 REITs 退出，并以此盘活存量资产。目前，随着国内 REITs 市场不断发展，REITs 发行范围不断拓宽，从交通、产业园区、仓储物流、污水垃圾处理等扩围到消费基础设施、能源、保障性租赁住房等。资本市场退出渠道的打通，极大促进了 PRE-REITs 的发展，通过 PRE-REITs 盘活存量资产，并最终通过 REITs 市场上市发行退出，已经成为未来我国盘活存量资产十分具有效率的方式之一。

（八）商业地产抵押资产证券化（CMBS）

即以商业房地产为抵押，以相关房地产未来收入为偿债本息来源的资产支持证券产品，是成熟市场商业房地产公司融资的有效金融工具之一。CMBS 在资产证券化上呈现出商业物业的特性。

CMBS 的优势在于发行价格低、流动性强、放贷人多元化、对母公司无追索权、释放商业地产价值的同时保持未来增长潜力及资产负债表表外融资等。

CMBS 的劣势在于：第一，借款人财务数据的披露缺乏透明度。第二，亚洲市场其主要形式还是单一借款人交易，未达到风险分散效果。

（九）售后回租

售后回租是指将自有设备等资产进行出售后，再将这些设备等资产租回使用，并支付租金的一种融资行为。售后回租可使承租人迅速回收购买物品的资金，加速资金周转。

售后回租的优势在融资成本和资金灵活度。从融资成本上看，售后回租比信托基金和私募融资更低，同时又具备较低的门槛和较高的灵活度，因为售后回租的内容、条件、方式等都是由出租人和承租人谈判决定，可以视双方的实际需求进行灵活敲定。

售后回租的风险主要是税务风险和政策风险。一方面，售后回租大多属于不动产融资租赁，交易过程中会涉及税务问题，但资产的实际使用没有发生改变，因此需要注意交易过程中的税务风险。另一方面，当前我国尚未出台专门的融资租赁相关法律法规，相关监管政策分布在其他法律法规和政策文件中，存在一定的政策风险。

（十）股权信托模式

股权信托模式是指企业将自有股权转让给信托产品的受托人，受托人通过信托产品将资金投入企业。这种模式大多发生在地方政府的城投公司，前些年成为了地方政府城投公司重要的融资渠道之一。

股权信托模式的主要优势在于直接增加企业注册资本金，提高企业的融资能力，可以放大投资杠杆，对地方政府城投公司快速发展起到了重要促进作用。与银行信贷等相比，股权信托模式的门槛较低，融资规模也不小。股权信托模式的主要劣势在于资金成本较高，同时资金使用限制在企业注册资本金，需要严格按照公司法和公司章程执行。

（十一）债转股

债转股，是指债权人和债务人以各自利益为出发点，把债权债务关系转换为股权关系，从而将债务企业的债务进行重组。债转股主要对当前负债率过高、债转股后可实现扭亏为盈的企业较为适用。

根据性质不同，债转股可大致分为政策性债转股和商业性债转股两类。政策性债转股是指国家组建金融资产管理公司，收购银行的不良资产，把原来银行与企业间的债权、债务关系，转变为金融资产管理公司与企业间的股权、产权关系。商业性债转股则是债权企业与债务企业自主选择的情形下实施债转股的市场行为。

债转股的目的在于清理银行的坏账，降低不良贷款率，提高贷款回收率，增加资金流动性。减轻企业债务负担，降低企业杠杆率，恢复债务企业的盈利能力。

债转股模式的主要优势在于，在短期内可以快速降低企业负债率，缓解银行监管压力。而其劣势在于对目标企业的要求较高，主要面向地位重要、困难很大的国家重点企业。在操作过程中，容易面临进入风险、管理风险、退出风险和道德风险。

（十二）并购重组

并购重组是资本市场退出的主要渠道之一，也是盘活存量资产的重要方式。并购重组是企业或投资人对自有的资产、股权、负债等进行出售、合并、置换等行为，采取的方式包括资产与债务重组、收购与兼并、破产与清算、股权或产权转让、资产或债权出售、企业改制与股份制改造、管理层及员工持股或股权激励、债转股与股转债、资本结构与治理结构调整等。

并购重组的主要优势在于：第一，国内并购环境较为成熟，相关法律框架及市场交易机制较为完善。第二，并购后，可以实现规模经济效应，发挥协同优势，实现"1+1>2"的互利共赢新局面。第三，并购是市场自发的优胜劣汰，利好资本市场。

并购重组的劣势在于：第一，并购方需要具有充足的资金及较强的融资能力。第二，并购不具有资本证券化、REITs等模式的风险分散能力，反而会由于并购双方信息不对称而面临巨大的资产风险和负债风险。第三，并购后的资源整合风险。

（十三）引入战略投资

战略投资是指对企业未来产生长期影响的资本支出，具有规模大、周期长、基于企业发展的长期目标、分阶段等特征，影响着企业的前途和命运的投资。引入具有较强实力的战略投资者，是盘活资本存量的方式之一。

引入战略投资的主要优势在于：第一，战略投资不被短期回报所局限，可以追求长期成长性的企业，有助于将企业真正做大做强。第二，战略投资团队具有高质量的人才优势、专业的管理才能、优质的投融资渠道，深入了解国内法律制度、财务税务、政府文件，在项目培育期、成长期、成熟期能够做到全流程化管理，有效完成优势产业整合。

引入战略投资的劣势在于：第一，与并购相同，战略投资者同样需要具有充足的资金及较强的融资能力，会占用大量资本金。第二，战略投资同样不具有资本证券化、REITs 等模式的风险分散能力。第三，战略投资所能募集的资金量远低于资本证券化、REITs 等模式。第四，面对基础设施及国内现存的存量资产体量而言，战略投资者的数量相对较少。

（十四）资产注入上市公司

资产注入上市公司即将非上市的存量资产通过资产重组方式注入上市公司，将存量非流通资产转换为可流通证券资产。

资产注入的主要优势在于：第一，可以增加资产规模，提高公司的资产质量和规模，有利于公司的发展和扩张。第二，资产注入可以增加盈利能力，提高公司的盈利水平和市场竞争力，有利于公司的长期发展。第三，资产注入可以优化业务结构，有利于公司的战略转型和升级。

资产注入的劣势在于：第一，资产注入可能会导致财务风险增加，如果注入的资产质量不高或者存在潜在风险，可能会对公司的财务状况造成不利影响。第二，资产注入可能会导致管理难度增加，如果注入的资产与公司原有业务不相符或者管理难度较大，可能会对公司的运营和管理造成不利影响。第三，资产注入可能会导致股权结构发生变化，如果注入的资产涉及股权转让或者增发等操作，可能会对公司的股权结构和治理结构造成不利影响。

（十五）固定资产支持融资

固定资产支持融资是指以未来的现金流测算融资金额，为企业提供长期贷款，既可置换负债性资金，也可用于固定资产本身的运营改造。

主要优势在于：第一，贷款期限长，相比普通抵押贷款通常只有 1 年的期限，固定资产贷款的最长期限达 10 年，甚至更久，为企业提供了更长期稳定的资金来源。第二，用途灵活，解决了企业贷款用途监管难的问题。对于自行建造的物业，贷款可以用于置换负债性资金和超过项目资本金规定比例的自有资金，企业可以将更多的资金用于自身的经营和发展。第三，操作简单：经营性物业抵押贷款主要关注抵押物的价值和贷款期内的现金流，只要满足这两点条件（即贷款第一还款来源和第二还款来源）的经营性物业均可操作经营性物业抵押贷款业务，这样企业可以更容易地获得银行贷款。

主要劣势在于：第一，从银行获取固定资产贷款门槛较高，需要借款人信用状况良好。第二，项目贷款门槛较高，固定资产贷款项目不仅必须是纳入国家固定资产投资计划，并具备建设条件的项目，而且必须受信贷计划确定的固定资产贷款规模的约束。第三，管理更为严格，固定资产贷款不仅建设过程要管理，而且项目竣工投产后仍需要管理，直到还清全部本息为止。

二、方式对比

第一类：REITs、类 REITs 和 PRE-REITs。REITs 产品及其变体，是"不动产资产的 IPO"。REITs 模式，适合盘活国内以基础设施、公用设施为主要构成的存量资产，适用于长期项目。REITs 模式，具有稳定的盈利能力、较强的风险分散能力、快速达到较大融资规模的能力，且不会造成资产与证券时间错配的问题。

第二类：ABS、ABN、PPP+ABS 和 CMBS。此类模式通常为债权类产品。在短期内能够进行大量融资，融资成本较低且风险分散能力较强。但是相对于 REITs 模式而言，此类产品的发行期限较短，如果被采用于大型项目（如资产盘活类项目），单个产品无法覆盖整个项目的全部期限，从而导致时间错配问题。

第三类：PPP。使用 PPP 模式，有助于发挥政府和私有部门的各自优势，形成"利益共享、风险共担、全程合作"的合作模式，符合"坚持公有制为主体、多种所有制经济共同发展"的政策要求。

但是相对第一类与第二类模式而言，PPP 模式需要项目建设方投入大量资本金，对资金占用较多。此外，PPP 模式无法实现"证券化"，风险较为集中且融资规模因此受限。

第四类：传统模式。依据各项目实际情形，传统模式仍具有一定适用性。可视个体情况适当选取使用。

融资方式分类如表 5-7 所示。

表5-7 融资方式分类

融资方式	公募/私募	能否在证券市场发行	权益类/债务类
PPP	私募	否	权益类
ABS	公募+私募	能	债务类
PPP+ABS	公募+私募	能	债务类
ABN	公募+私募	能	债务类
REITs	公募+私募	能	权益类
类REITs	公募+私募	能	权益类
PRE-REITs	私募	能	权益类
CMBS	公募+私募	能	债务类
售后回租	私募	否	权益类
股权信托模式	公募+私募	否	权益类
债转股	公募+私募	否	权益类
并购重组	私募	否	权益类
引入战略投资	私募	否	权益类
资产注入上市公司	公募+私募	能	权益类
产权交易所交易	私募	否	权益类

第三节 金融支持盘活存量资产的主体

我国改革开放以来，市场中涌现出大量的存量资产盘活主体。商业银行、证券公司、基金公司、保险公司、资产管理公司，实体企业等机构均有参与资产盘活工作，各机构运用自身擅长的方式对存量资产进行盘活。

一、商业银行

商业银行是我国金融体系中规模最大的机构。中国人民银行数据显示，

2023 年末对实体经济发放的人民币贷款余额为 235.48 万亿元，占同期社会融资规模存量的 62.3%。2023 年末，全国金融业机构总资产达到 461.09 万亿元，银行业机构总资产为 417.29 万亿元，银行业总资产占全国金融业机构总资产的 90.5%。

我国的商业银行存在时间较长，相比其他金融机构更早介入基础设施领域，具备成熟的业务团队和实践经验。商业银行通过其资产业务及中间业务参与盘活存量工作。

（一）资产业务

贷款是商业银行最主要的资产业务。贷款业务中，信用贷款、担保贷款和票据贴现都是为企业提供资金的渠道。目前为盘活存量而专门设立的贷款主要由政策性银行推出，如农发行临汾市分行投放盘活存量资产贷款，支持临汾市城市服务有限公司购买市政供热、排水管网资产。对商业银行而言，其业务亮点主要在于为 PPP 模式提供资金支持。如中国建设银行推出 PPP 贷款，贷款期限较长，意在匹配 PPP 项目较长的运营周期；其他商业银行也有类似的贷款业务。对融资需求较大的项目，可以银行贷款的方式进行。贷款业务盘活存量的优势在于不存在期限错配，且融资成本较低。但商业银行对 PPP 贷款风控要求高、发放比较审慎，并非所有 PPP 项目都能顺利申请信贷。

（二）商业银行投资业务

商业银行投资业务是盘活存量的重要手段之一。由于贷款属债权，银行无法参与借贷企业的运营管理，形成了一批规模较大的不良贷款。对于暂时陷入财务困境、但仍具有盈利潜力和发展空间的借贷企业，银行采用债转股方案，通过将债权转让给金融资产管理公司、金融资产投资公司，由公司将债权转为对象企业股权。债转股是降低企业杠杆的途径之一，有利于企业扩大融资；同时银行在转股后有机会介入企业管理、参与重大决策，通过专业手段优化企业运营、扭亏为盈，收回本息。

债转股的实施困境在于，商业银行因市场化债转股持有的上市公司股权的风险权重为250%，持有非上市公司股权的风险权重为400%，银行资本压力较大，积极性不高。此外，"明股实债"问题突出，没有从根源上解决受困企业问题；退出机制不完善，以企业按照固定收益率支付银行收益，回购股份为主。

（三）中间业务

商业银行发起信贷ABS和承销ABN是其参与盘活存量最重要的中间业务之一。

信贷ABS的全称为信贷资产证券化，是以银行信贷为基础资产，打包出售给特殊目的载体SPV，由SPV发行信贷资产支持证券的融资方式。以建鑫不良资产支持证券为例，该证券发起机构及原始权益人为建设银行，建设银行与建信信托签订信托合同、转让不良债权；建信信托又与承销商签订主承销协议，出售资产支持证券。信贷ABS通过设立SPV并真实出售，实现了商业银行资产出表，盘活其贷款规模。其特点是基础资产分散程度高，从而具有较高的抗风险水平。

ABN的全称为资产支持票据，是由非金融机构基础资产所产生现金流作为收益支持的证券化融资工具。以国家电力投资集团有限公司资产支持票据为例，由管理机构设立资产支持票据信托计划，国家电投将基础资产即供电收费收益权转让给该计划。同时，管理机构与平安银行签署承销协议，确保平安银行作为主承销商。该项目发行量为 5.9 亿元，评级 AAA，在银行间债券市场公开发行。与信贷 ABS 相同，ABN 同样真实出售，在此条件下，债权人对破产的原始权益人的已证券化资产无追索权，实现了风险隔离，强化信用。对由于闲置、经营不善等原因而造成存量的基础设施，其所有人可能存在较大的破产风险。ABN 中 SPV 的设立成功规避了这一风险。除商业银行外，证券公司同样可以承销 ABN，但相对而言银行占比较低。

在上述两个资产证券化项目中，商业银行不只作为原始权益人和承销商参与其中，其资产托管业务同样发挥作用。如在上文中所提到的建鑫不良资产支持证券项目中，恒丰银行作为资金保管机构，与建信信托签订资金保管合同。国家电力投资集团有限公司资产支持票据项目中，平安银行北京分行作为资金保管机构，为资产支持票据信托计划提供资金托管服务等。

除此之外，商业银行还提供担保业务，以自身信用保证债务人能切实履行义务，并在债务人不能履约时承担义务。担保能够为企业增信，方便其进行融资，对于陷入财务困境的存量盘活具有积极作用。2022 年 5 月，国务院印发《扎实稳住经济一揽子政策措施》，提出在招投标领域全面推行保函替代现金缴纳投标、履约、工程质量等保证金。银行保函替代现金减少了企业的资本金占用，能够有效盘活企业现金流。

二、证券公司

证券公司设有投资银行部、固定收益部、资产管理部等，主要业务为经纪、自营、承销证券，是参与直接融资的重要机构。证券公司通过市场化手段为企业提供股权、债务及结构化融资，同时为并购重组提供财务顾问，在盘活存量中担当重要角色。

（一）股权融资业务

股票承销是证券公司主要的投行业务之一，具体包括首次公开发行 IPO 与再融资。相比非上市企业，上市企业一方面能够抵押或质押流动性更好的股权，一般具有更高的信用等级、容易获得银行贷款或其他融资资金；另一方面由于权益性资金的增多而降低杠杆率，防范债务风险。另外，上市企业能够发行公司债、可转债等，比非上市企业具有更广阔的融资渠道。例如，京沪高铁于 2020 年 1 月通过上交所在 A 股公开上市，中信建设证券股份有限公司作为保荐人和主承销商，中金公司和中信证券股份有限公司作为联席主承销商。京沪高铁是国家重大战略性交通工程和重大创新工程，资产总额高达 1755 亿元。京沪高铁公司将通过 IPO 募得的资金用于收购京福安徽公司，将合蚌客专、合福铁路安徽段、商合杭铁路安徽段、郑阜铁路安徽段纳入管理范围，有利于扩展业务，由单线运营转向轨道网络的构建。

对于已上市企业，则可以考虑定向增发、公开增发、配股、优先股等手段进行再融资，补充资本金，降低杠杆。其中，定向增发是指增设股份并面向特定投资者非公开发行的再融资手段。相比其他再融资手段，定向增发对上市企业无盈利要求，在盘活存量方面有较大的发挥空间。从发行时间和成本来看，定向增发发行所需时间较短，能够实现快速融资，且避免了公开竞价，交易成本较低。2020 年 2 月，证监会对《上市公司非公开发行股票实施细则》进行修订，将折价率下限由 9 折改为 8 折、锁定期由 36 个月和 12 个月分别缩短至 18 个月和 6 个月、放松减持规则并上调发行对象数量，这对定增投资者进入再融资市场提供了利好。

定增是上市企业引入战略投资者的主要渠道。战略投资者一般为行业龙头、具有该行业重要战略性资源；通过对上市企业注入战略投资资金、提供专业指导和支持，帮助企业实现中长期发展，是一种从根本上助力企业做大做强的手段。上市企业对战略投资者定向增发股份，改善了企业的股权结构、优化董事会配置；若战略投资者以优质资产作为交易对价，则能够实现上市企业投融资一体化，通过资产重组盘活存量。

（二）债务融资业务

证券公司提供的债务融资服务包括企业债、公司债、非金融企业债务融资工具等。由于存量资产可能具有较高的资产负债率、面对一定的流动性风险，对其进行盘活时有"增资减债"倾向，即股权性融资手段相较于债务性融资的可行性更高。对于处在合理负债率范围以内的存量资产，也可根据自身的上市情况选择发行企业债、公司债等并委托证券公司承销，以扩大融资规模、助力企业盘活存量。

证券公司提供结构化融资，其中对盘活存量有较大影响力的业务为企业 ABS 的承销。企业 ABS 全称为企业资产证券化，指企业将资产出卖给由证券公司设立的专项资产管理计划 SPV，并由该 SPV 向投资人发行资产支持证券的结构化融资模式。可作为企业 ABS 底层资产的包括水电气、铁路、公路和港口的收费权、融资租赁资产、BT 回购等，该类资产属于基础设施范畴，具有规模大、现金流稳定可预期等特点。证券公司对专项资产管理计划的资产池进行结构化设计和增信，形成对投资者具有吸引力的证券，进而实现投资资金回收，一方面为底层资产的管理和升级提供现金流，另一方面有利于扩大有效投资。企业 ABS 是成本较低的表外融资渠道，对增强企业流动性、解决企业融资贵和融资难问题具有重大作用。

与信贷 ABS 和 ABN 不同，企业 ABS 的 SPV 为证券公司设立的专项资产管理计划，而非信托，其财产独立性相对信托而言较弱。在务实中，企业采取自留次级债券的内部增信措施、设计循环购买的交易结构、担任资产服务机构等,对底层资产往往留有一定的权益,这增加了对 SPV 真实出售的难度。同时,专项资产管理计划不具备法律人格和商事主体资格,在出现法律纠纷或破产清算时可能遇到问题,这引起了对 SPV 是否成功实现破产隔离的疑问。要保障企业 ABS 的健康发展,重点在于如何增强交易结构中 SPV 的风险隔离属性,出台相关法律法规,厘清原始权益人、基础资产、专项资产管理计划与投资人之间的法律关系。

(三) 财务顾问业务

财务顾问业务在企业并购重组过程中扮演着重要角色。兼并收购指企业支付现金、资产等对价以获取另一企业控制权的权利让渡行为。该过程扩大了并购方的资产规模,产生经营上、管理上财务上的协同效应,缓解融资约束,提高其竞争力和行业地位。从宏观层面来看,并购实现了资产重组,将被并购方利用率较低、收益率较差的存量资产进行整合再分配,提高了资源利用效率,能够优化产业结构、促进产业组织合理化发展,是盘活存量的有效途径之一。根据证监会公布的《上市公司收购管理办法》,收购人进行上市公司的收购,应当聘请在中国注册的具有从事财务顾问业务资格的专业机构担任财务顾问。证券公司的财顾服务贯穿并购事件始终,一般作为并购方财务顾问,为其分析并购可行性、策划并购方案、推进并购实施,并在并购完成后提供结构设计、一体化管理等咨询服务。需要注意的是,并购重组具有"水土不服"的风险,特别是对实施跨行业、跨地区并购的企业而言,并购后可能面临管理困难。除去并购重组,证券公司在资产证券化等其他交易过程中同样可以提供财顾服务。

三、基金管理公司

基金管理公司对基金的募集、申赎、分红等基金运作活动进行管理。中国证券投资基金业协会发布公告表示，截至 2023 年 12 月底，我国境内共有基金管理公司 145 家，基金数量合计 11528 只，净值约 27.6 万亿元。公募基金投资门槛较低、信息披露完善；私募基金非公开发售，自由度和风险较高。二者都可以通过各自产品发挥自身优势，参与盘活存量。

（一）公募基金

公募基金以公开方式向社会公众投资者募集资金，以证券为主要投资对象。按投向不同，公募基金分为股型、债型、货币投资基金和混合基金，都能作为一定条件下企业的融资选择。其中，在盘活存量过程意义重大的是基础设施投资信托基金，即基础设施 REITs。

从底层资产来看，现阶段我国 REITs 主要在基础设施领域进行试点，重点聚焦交通市政、生态环保、新型基础设施、保障性租赁住房和产业园区领域。一方面，上述领域或具有成熟优质的底层资产、或市场化程度较高，能够为 REITs 试点提供良好条件；另一方面，在上述领域进行资产证券化，有利于推动我国基础设施建设高质量发展。从募集方式来看，我国 REITs 以公开募集为主，同时发展类 REITs 等私募偏债的证券化产品。

基础设施 REITs 是基础设施领域资产变现的重要途径，其权益属性扩充了融资方资本金，缓解债务压力；资产支持专项计划的设立帮助企业实现资产出表、剥离重资产，向轻资产运营模式转变；由于打通了资金退出机制且坚持公开募集方式，能够吸引广大社会资本参与基础设施项目投资，优化市场结构。宏观上，基础设施 REITs 能够回收基础设施领域沉淀的大规模投资，若将该笔资金用于下一轮有效投资，则提高了社会整体的资金流动性，形成良性循环，盘活存量。

例如，富国首创水务封闭式基础设施证券投资基金项目以水质净化厂BOT项目和污水处理厂PPP项目作为底层资产，富国资产管理公司设立资产支持专项计划收购底层资产所属公司100%股权，富国基金管理公司发行5亿份证券投资基金认购其全部份额，其中原始权益人首创股份自留51%。基金取得底层资产完全经营权，通过主动的投资管理和运营管理提升基础设施项目的运营收益水平。

（二）私募基金

私募基金以非公开的方式向特定投资者募集资金，以特定目标为投资对象。私募股权投资基金是盘活存量中重要的融资产品。

私募股权投资基金（PE）：投资标的是非上市公司股权和上市公司非公开交易股权等，前者包括并购基金、房地产基金、基础设施基金等；后者主要是上市公司定增基金。PE更多投资于非上市公司股权，其收益主要来源于IPO、并购、回购等股权转让获利。因此，该类基金的投资期限较长，一般要持续至股权转让结束。

并购基金：指投资企业股权，介入企业管理、对其重组改造后再行出售的非公开发行基金。对于较为成熟，但由于经营不善等管理问题而陷入发展困境或进入重建期的企业，并购基金可及时介入，采用权益型资金扩充企业资本金，并综合运用行业资源和丰富的管理经验，协同行业龙头，设计出有针对性的企业升级优化方案，待企业盈利转好后再将所持股权出售给该行业上市公司，或推动企业挂牌上市。基金管理公司提供的并购基金与证券公司提供的财务顾问是参与企业并购重组的不同服务，二者分别从资金角度和评估风险角度为并购重组提供帮助。

房地产基金：指投资房地产公司或房地产项目的非公开发行基金。21 世纪以来，我国经历了商业地产和住宅投资快速增长的阶段，甚至出现过热、产能过剩的现象，近些年房地产市场发展有所回落。2024 年 5 月，国家发出降低首付比例、降低贷款利率、政府出资收购剩余房产等积极信号，意在提振房地产信心。对于住宅而言，由于供大于求以及房地产市场下行等因素，形成了一批存量房源。基金管理公司发行和管理房地产私募股权基金，可以用于存量地产的升级改造，通过运用该笔资金进行房产的智能化、统一化、科学化升级，实现房产增值。对于过度依赖银行贷款的房地产领域，该类基金提供了重要的融资渠道，对完善市场结构有所帮助。

基础设施基金：指在基础设施领域进行投资的非公开发行基金。目前我国在该领域的基金类融资工具主要是公募性质的基础设施 REITs 和政策性银行投放的基础设施基金，直接投资基础设施的私募股权基金落地较少。随着 PPP 项目的开展，一些私募股权基金作为社会资本参与到 PPP 项目投资，形成"PPP+PE"模式，但目前规模不大。

上市公司定增基金：此基金的投资标的是定增股份。定向增发往往涉及资产重组和结构调整，能够促进企业盘活存量。其增发的对象不仅包括战略投资者、公司股东等介入企业日常管理和长期发展的个人及组织，也包括私募股权基金在内的财务投资者。定增股份对前者实施锁价发行，对后者实施竞价发行。私募股权基金投资定增的优势在于审批流程简单、实施效率高，同时成本较低。另外，公募的权益型基金同样可以投资定增股份。

创业投资基金（VC）：此基金投资标的是高成长性的未上市企业股权金。创业投资基金与私募股权投资基金主要的区别在于投资阶段不同，VC 在企业的初创期和扩张期进行投资，而 PE 在成熟期即 C 轮至 pre-IPO 之间进行投资。我国目前对二者的界限区分比较模糊，一些产品定义上存在重叠，并且在管理时被归为一类，统一管理。创业投资基金的标的企业以科技型为主，在健康医疗、大数据、消费服务领域占比较大，在促进增量上发挥的作用大于盘活存量。

私募股权投资基金募资难的问题比较突出，主要是由于 PE 存续期相对较长而市场风险厌恶情绪明显、PE 发起阶段承诺认缴的资本无法实缴、IPO 审核趋严导致退出方式收窄等因素引起的。2022 年 9 月，上海私募股权和创业投资份额转让试点正式启动，同时在上海成立了我国首个私募股权二级市场基金联盟，即 S 基金联盟。S 基金向投资者收购其持有的企业股权或基金份额，与股权和份额转让试点共同参与构建了私募股权和创业投资基金的二级市场，是开拓 PE 和 VC 退出机制的重要举措，对完善该类基金募、投、管、退路径提供了新思路。

四、保险公司和保险资产管理公司

保险公司提供人寿保险和财务保险等风险管理服务，具有风险转移功能。同时，保险资金参与证券投资、不动产和基础设施等另类投资、举牌持股等经济活动，丰富市场融资渠道，促进将储蓄转化为投资，对盘活存量资金、拉动经济增长具有重要作用。一个保险集团体系包括保险集团公司、两家以上该集团公司的经营保险业务的子公司和保险资产管理公司等。其中，保险资产管理公司负责管理和合理运用险资。

保险资金具有期限长、风险偏好低等特点。由于保险公司负债经营，具有刚性兑付成本，因此其投资主体一般以固定收益类为主、保障覆盖负债成本，少量以股权投资增厚收益。从风险偏好低的角度看，新兴的 ABS、REITs 等具有固定收益性质的资产证券化产品逐渐成为保险资金的投资标的。对保险资产管理公司而言，该类产品拓宽了投资方向，有利于公司丰富资产配置、降低风险；对资产证券化而言，保险资金的参与是解决募资难问题的方案之一，能够帮助资产证券化项目顺利落地。从增加收益角度看，保险资产管理公司有动机加强权益型投资，主要是由于固定收益领域内传统的投资标的，如银行存款、国债、地方政府债等，其收益率与利率联系紧密，一旦经济下行、利率中枢走低，管理公司有无法覆盖负债的风险。另外，保险资金期限长、规模大、来源稳的特点与股权投资匹配，保险资金持股上市或非上市企业具有先天优势。

在基础设施领域，基础设施需求规模大、投资回报期限长，与保险资金特点匹配；基础设施因债务融资比例大，因而有较强的股权融资降低杠杆需求。

例如，中国平安保险对高速公路项目子公司的股权投资。2006 年，山西省交通厅与中国平安保险集团公司签订协议，设立 600 亿元平安交通能源发展基金用于交通基础设施建设。其后，平安保险集团又以股权形式投资了其他高速公路项目公司。以上项目通过多元化的股权结构，提高了高速公路项目公司的运营管理效率，同时出让方得到股权转让溢价，促进现金流动。平安集团发挥金融机构优势，帮助项目公司进行债务重组和理财筹划，降低了公司财务成本。

保险资产管理公司的另一重要作用是发行保险资产支持计划。保险资产支持计划的交易结构和设计原理与企业 ABS 类似，主要区别是二者的 SPV 分别为保险资产管理公司成立的资产支持计划和证券公司设立的专项资产管理计划。保险资产支持计划的主要功能同样是实现资产证券化、通过资产重组、破产隔离和其他增信措施，将基础资产未来收益贴现，实现资金的快速流转。2016 年上海保险交易所揭牌后，该所成为我国保险资产支持计划的交易场所，其控股子公司中保保险资产登记交易系统有限公司为保险资产支持计划进行登记。截至 2023 年，在中保登记的保险资产支持计划规模已达 4500 亿元。

五、信托公司

信托公司是接受财产委托，并对财产进行经营管理的资产管理机构。信托业务具有横跨一、二级市场，灵活度和针对性较高等特点，能够综合运用多元金融工具，与其他金融机构和资产管理机构通力合作，助力盘活存量、服务实体经济。信托财产具有财产独立性，适合作为结构化设计的一环参与资产证券化。

信托公司具有健全的商事主体资格和配套的《中华人民共和国信托法》，其财产独立性较为坚实，在资产证券化底层资产真实出售、破产隔离过程中所潜在的法律争端少，避免了破产追索范围界定不清等问题。使用资产证券化手段盘活存量时，实现存量资产与其主体风险隔离是为资产增信的前提条件，同时也应符合原始权益人资产出表的需求，而信托关系在这一过程中发挥了至关重要的作用。目前存在的资产证券化受托服务信托包括信贷资产证券化受托服务信托、企业资产证券化受托服务信托、非金融企业资产支持票据受托服务信托和其他资产证券化受托服务信托。其中，信托作为 SPV 的现象在信贷 ABS 和 ABN 中占比较大，而企业 ABS 和保险 ABS 主要以资管机构特设的资产计划作为 SPV，同时探索"专项计划+信托"的双 SPV 结构。

除上述资产证券化受托服务信托外，信托公司参与盘活存量的业务还有风险处置受托服务信托，包括企业市场化重组受托服务信托和企业破产受托服务信托，即信托公司对面临债务危机、处于重组或破产过程中的企业提供帮助，提高风险处置效率。具体方式为信托公司以委托方的信托财产为偿付来源，向委托方的债权人分配信托收益，将债权转化为信托受益权，从而帮助委托方清偿债务。另外，重组过程中投资人往往无法收购委托方的全部资产，因此形成了一部分待处置资产。将该部分资产出售给风险处置受托服务信托，能够有效提高资源利用率、促成重组。

第四节　盘活存量资产面临的问题

一、盘活存量意愿不强

（1）部分地方政府、部分企业偏重新上投资项目而忽视存量项目效益的发挥。在存量资产盘活工作中，部分政府部门、企、事业单位由于考核机制，仅注重眼前利益等原因，进行存量资产盘活的意愿不强。

（2）地方政府手中的供水、供气、供热、污水处理等存量资产大多由行业主管部门进行管理，或者由政府平台公司负责运营，上述项目属于居民日常生活中的刚性需求。虽然在建设期投入大量资金沉淀在项目中，但是可以提供稳定的现金流，因此拥有股权的地方政府不愿意移交股权。

（3）由于我国城市化的推进，部分城市内的土地原为工业性质用地，目前已不适应某些城市的发展，需要对土地以及地上建筑进行盘活利用。企业若想盘活此类土地，大概率需要申请对土地性质进行改变，然而土地性质改变则需补缴大量的土地出让金。由于近些年房地产市场下行，企业参与此类项目的积极性下降，企业除了参与北上广深以及新一线城市等大城市的积极性较高外，参与其他地方的此类项目积极性不高。

（4）由于历史原因，同一片区的完整地块内产权结构复杂，多主体持有一片区的不同区域的产权或使用权，甚至同一栋楼内已分层进行了产权拆分。鉴于实控主体性质不同、结构不同、意愿不同，导致盘活、改造意愿不强，盘活难度加大。

二、部分存量资产收益率较低

（1）多数城投公司的资金投向以公益性项目为主，这些项目本身能产生的现金流十分有限，而多数城投公司为扩大融资额度而被动注入了大规模的公益性资产，拉低了资产整体收益率。

（2）部分存量资产如公路、铁路等基础设施存量资产，沉淀资金量大，但是仅靠高速公路收费或铁路车票收费却难以背负高额的养护、运营成本费用，导致收益率较低。

三、存量资产的规范化运营程度较低

地方政府存量资产规范化程度和运营管理效率普遍偏低。没有建立现代企业管理制度，未完善公司的各项制度和手续。很多地方资产在产权归属、内部管控、财务管理等方面都存在不同程度的瑕疵，人事编制、隶属关系较为复杂，造成资产盘活工作效率低下、周期较长。

第五节 盘活存量资产的重要意义

有效盘活存量资产对降低宏观杠杆率、提高投资资金使用效率、拓宽社会投资渠道、提升基础设施运营管理水平、推进城市更新、优化人民群众生活环境等均具有重要意义。

一是有利于为高质量发展创造良好环境。借助基础设施 REITs 等权益型融资工具盘活存量资产，能够提高直接融资比重，降低宏观杠杆率，防范债务和金融风险，为未来经济和产业发展创造良好环境。

二是有利于提高资金循环使用效率。存量资产意味着沉淀资金未能有效利用，通过合适的方式盘活存量资产能够加快回收沉淀资金，并用于新的项目建设，形成新的优质资产。对再投资形成的新优质资产，条件成熟时可再次通过融资工具对沉淀资金进行盘活，从而形成存量资产和新增投资的良性循环。

三是有利于提升基础设施等项目运营效率和盈利水平。盘活存量资产过程中，通过市场化方式引入专业化运营管理团队，有助于建立更为精细化、专业化、市场化的运营管理机制，提高运营管理效率，降低运营成本。同时，还能充分发挥专业化管理团队丰富的运营经验，创新商业模式，提高项目盈利水平。落实高质量发展在基础设施领域的贯彻执行。

四是有助于推进城市更新。随着我国城市化的推进，现有城市内某些建筑、用地属性等已经不适应现代化城市社会生活，因此在城市内的老旧厂房、仓储物流库房、经营不善的商业综合体等均需因地制宜地进行改良。将城市内的老工业属性的产业进行外迁，再对原住址进行改良改善，从而增加原住址的用地价值，如北京的首钢园，在历史上它见证了中国钢铁工业的辉煌历史，但目前首钢园区已成为一个集历史文化、艺术、科技和旅游于一体的多功能园区，见证了北京从工业城市向现代化大都市的转变。又如创建于1942年的宝武集团上海第二钢铁厂已在2010年整体停产，大部分厂房闲置。通过存量工业用地转型，老厂房成为"双创"园区。

第六节　支持盘活存量资产的政策建议

一、加强政策宣贯解读

国务院办公厅下发的《关于进一步盘活存量资产扩大有效投资的意见》（国办发〔2022〕19号）对盘活存量资产的重点方向、盘活方式、政策支持、组织保障等提出了系统、明确的要求。建议通过多种形式，在全国各地区开展19号文的宣贯工作，推动地方政府进一步提高盘活存量资产重视程度，全面理解存量资产内涵。针对多样化的盘活方式，讲解不同盘活方式的特点和适用范围，指导各地精准匹配合适的存量资产进行盘活。

二、建立相关部门协调机制并完善相关配套政策

一是建立盘活存量资产部门协调机制。盘活存量资产涉及发展改革、财

政税收、国资监管、金融扶持、行业主管等多个部门，同时许多部门都有不同的存量资产有待盘活。建议推动各地政府根据实际情况，建立跨部门的盘活存量资产协调机制，统一工作步调，加快办理盘活存量资产各项手续，建立数据共享的存量资产台账制度，提高存量资产盘活效率。

二是盘活存量资产相较于投资新项目更为复杂，各地区各行业不同的待盘活资产存在不同的难点和问题。因此在盘活过程中需要相关部门通力合作，并调动起各岗位工作人员积极性。建议各部委通力协作，根据 19 号文的指示精神，制定存量资产盘活的配套政策，以及提出相应的激励机制，鼓励各单位、各机构更有意愿参与资产盘活工作。

三、加快推出盘活存量资产案例和试点项目

针对某些地方政府不会盘活、不熟悉盘活、对资产盘活意义理解不深等问题，国家发改委于 2022 年 12 月印发了《盘活存量资产扩大有效投资典型案例的通知》，为地方政府盘活存量资产树立了典型案例。为落实 19 号文关于积极开展试点，推广盘活中的好经验、好做法的文件精神，建议各地定时梳理盘活存量资产案例，并加以宣传推广，助力推动存量资产盘活工作，强化交流盘活工作经验。

四、助力盘活存量资产专业机构形成合力

19 号文中要求确定一批可以为盘活存量资产、扩大有效投资提供有力支撑的试点机构后，国家发改委筛选了 25 家单位、企业作为盘活存量资产扩大有效投资支撑机构。各机构均发挥自己身优势，积极投身于资产盘活的工作之中，但是目前还存在各家机构沟通不充分，未形成合力的情况。建议国家

发改委牵头定期组织各家机构进行业务交流，同时从 25 家机构中再选出若干个牵头单位，建立市场化、专业化的盘活存量资产企业，加快市场中的存量资产盘活。

五、推出金融、税收等优惠政策出台

一是强化金融支持盘活存量资产。建议出台相关政策，对于盘活存量项目给予特别金融支持，降低资金使用成本，金融机构减费让利至资产盘活项目。利用市场化手段筛选出现金流稳定、风险相对较小、未来预期收益可观等存量项目后，鼓励和引导政策性银行贷款、商业银行信贷、保险投资计划、债券、资产证券化、基金投资等金融工具基于项目情况进行融资。减少地方政府和企业融资担保规模，降低地方政府债务风险和企业杠杆水平。

二是对存量资产进行盘活，一般涉及结构化设计、增信、资产重组、产权交易等多个环节，中介费较高，且各个阶段可能造成重复征税。导致存量资产所有人盘活存量的成本较高，积极性不强。建议通过适当的收税减免，降低盘活成本，提高存量资产所有人盘活存量的积极性。

第六章　我国基础设施 ESG 评价探索研究

第一节　国内外 ESG 发展历程

一、国外 ESG 发展历程

ESG 是环境（Environment）、社会责任（Social）、公司治理（Governance）三个英文字母的缩写。ESG 的发展可追溯至 20 世纪 70 年代。20 世纪六七十年代为解决发达国家早期因"重经济轻环境"产生的环境问题，美国发生了规模空前的环境保护运动。这项环境保护运动对金融行业也具有重要影响，绿色证券投资基金应运而生，具有代表性的美国首只有 ESG 内涵的基金就成立于 20 世纪 70 年代初。不过直到 20 世纪末期，绿色投资产品的数量增长仍十分缓慢。

1997 年，美国非盈利环境经济组织（CERES）和联合国环境规划署

（UNEP）共同发起成立了全球报告倡议组织（Global Reporting Initiative, GRI），并先后发布了四版《可持续发展报告指南》，其内容涵盖了与可持续发展相关的经济冲击、环境冲击与社会冲击等条款。指南中提出的可持续发展报告编制标准，为信息披露提供了相应的标准和内容建议。GRI 持续地为企业社会责任报告提供框架，也为 ESG 披露体系建立奠定了基础。

2006 年，联合国前秘书长科菲·安南牵头发起责任投资原则（UNPRI）。UNPRI 提出的"责任投资原则（PRI）"将社会责任、公司治理与环境保护相结合，首次提出了 ESG 理念和评价体系，旨在帮助投资者理解环境、社会和公司治理等要素对投资价值的影响，并支持各签署机构将这些要素融入投资战略、决策及积极所有权中，以降低风险、提高投资价值并创造长期收益，最终实现全社会的可持续性发展。

2020 年，国际 ESG 资产屡破重要关口。咨询公司 ETFGI 的数据显示，全球交易所交易基金（ETF）中根据 ESG 原则投资的产品规模首次超 1000 亿美元。除了对上市公司股票进行 ESG 评级，债券投资者也加入了 ESG 的浪潮。联合国数据显示，截至 2019 年底，全球加入 UNPRI 的机构超 2850 家。这表明全球投资者对 ESG 关注度的不断提升。

总体而言，ESG 在国外的发展以投资人需求和市场驱动为主。国际组织制定 ESG 信息披露标准，经过市场检验和投资需求反馈，推动标准的不断完善，形成了企业 ESG 信息披露的强制要求，即采取"不遵守即解释"原则，为 ESG 投资的可持续发展建立了良好的制度环境。截至目前，国际 ESG 投资理念已相对普遍，ESG 市场也已相对成熟，配套法律及监管制度较为完善，信息披露、评级体系、指数编制、责任投资等方面的协调系统也已形成。这为 ESG 投资成为全球主流趋势奠定了良好的认识和制度基础。

二、中国 ESG 发展历程

ESG 投资相关理念在中国起步相对较晚。中国 A 股市场首只 ESG 指数（国证治理指数）发布于 2005 年，第一只真正意义上的社会责任型公募基金——兴全社会责任基金发行于 2008 年。近年来，新发展理念、高质量发展等目标的提出，表明我国发展的焦点已不再局限于经济增长，而是迈向国家、社会、环境和公民等多个面向高度协同的发展阶段。

信息披露制度是构建 ESG 评价体系的重要举措。近年来，我国各级监管机构通过一系列政策举措，对国内绿色金融、ESG 投资等发展起到了积极促进作用，推动了上市公司 ESG 信息披露制度建设，也推动了社会各界对 ESG 投资的研究与实践探索。

第一，监管层协力推动 ESG 信息披露和评价体系构建。2016 年 8 月 30 日，中央全面深化改革领导委员会第二十七次会议审议通过《关于构建绿色金融体系的指导意见》，8 月 31 日，中国人民银行牵头联合七部委印发《关于构建绿色金融体系的指导意见》（银发〔2016〕228 号），着力推动构建覆盖银行、证券、保险、碳金融等各个领域的绿色金融体系，我国成为全球首个提出系统性绿色金融政策框架的国家。2017 年 7 月 5 日，央行牵头印发《落实〈关于构建绿色金融体系的指导意见〉的分工方案》（银办函〔2017〕294 号），明确提出我国分"三步走"建立上市公司环境信息强制披露制度。根据相关法律规定，上市公司、控股股东、实际控制人及其他高管等未依法履行信息披露义务的，将可能承担民事责任、行政责任，甚至刑事责任。2017 年 12 月，证监会正式颁布《公开发行证券的公司信息披露内容与格式准则第 2 号——年度报告的内容与格式（2017 年修订）》和《公开发行证券的公司信息披露内容与格式准则第 3 号——半年度报告的内容与格式（2017年修订）》，其中相关条款对"重点排污单位相关上市公司"做出了明确规定，与央行政策形成协作联动关系。2018 年，证监会修订的《上市公司治理准则》中特别增加了环境保护与社会责任相关内容。该准则突出了上市公司在环境保护、社会责任方面的引导作用，确立了企业 ESG 信息披露基本框架。同年，基金业协会正式发布了《中国上市公司 ESG 评价体系研究报告》和《绿色投资指引（试行）》，提出了衡量上市公司 ESG 绩效的核心指标体系，致力于培养长期价值取向的投资行业规范，进一步推动了 ESG 在中国的发展。

第二，证券交易市场积极执行信息披露政策。2018 年，上交所发布《关于加强上市公司社会责任承担工作暨发布〈上海证券交易所上市公司环境信息披露指引〉的通知》。2020 年，深交所陆续发布《深圳证券交易所上市公司规范运作指引（2020 年修订）》《深圳证券交易所上市公司业务办理指南第 2 号——定期报告披露相关事宜》（2020 年）。上述文件规定了上市公司环境信息披露的内容、周期和形式，包括重大环境污染问题的产生原因、业绩影响、污染情况、拟采取措施，以及公司在生态环境、可持续发展和环保方面的相关举措等。而且，2020 年深交所修订了《深圳证券交易所上市公司信息披露工作考核办法》，首提上市公司 ESG 主动披露要求，明确要对上市公司履行社会责任的披露情况进行考核，并且明确了发行人应依法在招股说明书中充分披露募投项目生产经营中涉及污染物、环保投入、环保措施、环保处罚等环境信息。

第三，第三方机构积极推进 ESG 发展。2018 年 6 月起，MSCI 新兴市场指数和 MSCI 全球指数正式将中国 A 股纳入考评。MSCI 对所有纳入的中国上市公司进行 ESG 评级，不符合标准的公司将会被剔除。此举极大地推动了国内各大机构与上市公司对 ESG 投资的研究和实践探索，也促进了相关政策与监管文件的陆续出台。近年来，国内各大金融机构、学术机构、第三方评级机构等都从各自关注的视角开始研究 ESG，先后开发了多项 ESG 数据产品。比如，公众环境研究中心（IPE）作为环境大数据机构，为诸多合作方提供 ESG 数据及方法论支持。目前，Wind 资讯库已接入部分研究机构而 ESG 评级产品，为投资者更加直观便捷地识别和评估中国上市公司的 ESG 投资机遇和风险。与此同时，微众银行与 IPE 联合开发了 AI 智能 ESG 产品"微众揽月"大数据平台，汇集了重点监控企业自行监测数据，以及企业排放许可和执行情况数据，全方位分析企业生产活动对环境的影响程度，构建基于"天上+地下"环境监测数据的 ESG 评估体系，为投资者识别风险。此外，国内多家大型资产管理公司已经沿袭国际责任投资原则，尝试开展 ESG 投资。2019 年，中国基金业协会在责任投资专题调研报告中表示，通过对 82 家基金公司调研的数据显示，2019 年国内有 12% 的公募基金建立了自有的 ESG 评价体系。2018 年 12 月 10 日，中证指数有限公司正式发布国内首只 ESG 指数——中证 180ESG 指数，该指数以沪市上市公司中 ESG 表现较好的公司数据为样本，反映此类公司的整体表现。2019 年，国内规模最大的公募基金易方达发布了第一只 ESG 基金"易方达 ESG 责任投资股票"。同年，嘉实基金联合中证指数公司编制发布了中证嘉实沪深 300ESG 领先指数。ESG 投资产品的百花齐放正从市场投资需求角度倒逼制度完善和上市公司 ESG 信息披露规范和相关表现优化等，还促进了 ESG 评级体系、指数产品、基金产品等市场工具的成熟化和规范化。

第四，上市公司逐步跟进回应 ESG 相关要求。从环境和社会治理的角度来看，近年 ESG 理念的推广和相关指数产品的应用促进了上市公司及其关联公司对环境表现和社会责任的关注。2019、2020 年上市公司在年报、可持续发展报告、ESG 报告、CSR 报告中对环境信息披露的完整性、准确性较之前年度持续提升。在环境信息强制披露制度下，上市公司环保合规工作将面临来自证券监管方面和生态环境方面的双重法律监管。上市公司的环保行为一旦不合规，无论是因未依法披露相关环境信息，存在信息披露不合规情形；或是哪怕其环境违规问题得到了如实披露，都将可能承担民事、行政甚至刑事法律责任。这对上市公司 ESG 评级的负面影响更是不言而喻的。因此，上市公司的快速跟进和回应，也促进了 ESG 政策和评级体系的更新迭代及完善。

第二节　ESG 政策体系比较

国内外 ESG 发展进程中，政策体系的监管和引导作用非常重要。系统完善的政策体系一方面有助于建立投资指引和评价准则，另一方面可以给予遵循 ESG 理念的市场主体以正向反馈，从而进一步促进 ESG 投资的发展。根据联合国责任投资原则组织（UNPRI）的统计，全球已出台 750 余个政策工具、300 多个硬法和软法修正案以支持、鼓励或要求投资者考虑 ESG 长期价值驱动因素。其中 96% 为 2000 年后制定。2021 年，PRI 认证了 159 项新的或修订的政策工具，比上一年增加了 35 项，也是迄今为止最高的数字。随着各国颁布的 ESG 政策越来越多，ESG 政策体系的系统化需求也越来越高。因此，有必要通过国际比较的方式，对国外 ESG 政策体系进行比较，检视世界主要发达经济体的 ESG 政策系统，从而为中国 ESG 政策体系的进一步完善提供参考。

本书对欧盟、美国、日本 ESG 政策体系进行比较。这些政策体系之间根据四类政策工具展开比较，包括顶层设计类、信息披露类、市场标准类和市场行为类。其中，顶层设计类是指从国家层面提出政策目标、实施方式和路线图的政策工具，为各部门和各地制定相关政策提供指导方向和合法性依据；信息披露类是用于减少市场信息不对称的一种政策工具，其作用机制是使企业和投资机构披露 ESG 相关的经营和投资方法信息，以为市场评级机构和金融中介服务商提供更好的数据来源；市场标准类是建立市场对于经济活动分类的一套通用语言的一种政策工具，以便于所有的利益相关方使用一套语言进行沟通；市场行为类是对某一产业、行业、产品或机制进行鼓励、引导或规范的一系列政策工具。

截至 2022 年，有 41 个国家运用了顶层设计类政策工具（发布了国家可持续金融战略），10 个国家运用了市场标准类政策（制定了本土化的分类法、技术标准），83 个国家运用了信息披露类政策工具（包括 83 个国家颁布了企业信息披露政策、55 个国家颁布了投资者信息披露政策），52 个国家运用市场行为类政策（包含 13 个国家颁发了金融产品政策、37 个国家颁布了行业政策、23 个国家颁发了其他政策）。归纳来看，全球顶层设计类政策有 75 条、市场标准类政策 11 条、信息披露类政策累计 627 条（其中，企业信息披露政策 472 条、投资者信息披露政策 202 条、投资者尽责守则政策 23 条）、市场行为类政策有 109 条（金融产品政策累计 30 条、特殊行业政策 47 条、其他 35 条）。通过比较分类四个国家和地区的 ESG 政策体系，发现它们在政策体系四个方面的启示。

一、顶层设计

顶层设计政策的有无和强弱常常能够体现出行政主体在 ESG 市场监管和政策制定方面的观念态度和行为模式。在顶层设计上较积极主动的国家和地区，常常具有较强的监管决心，并采取"自上而下"的政策思路，欧盟便属于这一类型。而在顶层设计上较消极被动的国家和地区，常常对监管持有保留态度，采取"自下而上"的政策思路，美国和日本便属于这一类型。

相比之下，欧盟长处主要表现为三个方面。第一，欧盟以立法的形式确立了顶层设计。从政策文件本身的效力来说，欧盟的方式能够为该项战略的提供更高的优先级和更强的合法性。第二，欧盟在政策中加入了"不冲突条款"。欧盟据此定期审查和阻止已有项目中与此项计划冲突的部分。第三，欧盟的对 ESG 三方面的整合度较高。与此同时，欧盟的顶层设计也存在不足。虽然欧盟法案具有较高的行政效力级别，但实际文本中没有说明欧盟督导各成员国完成法案的具体手段与强制措施，法案对各成员国的约束力有限，政策执行力度取决于成员国自身。美国和日本均没有制定顶层设计政策。其原因一方面是政府一直以来具有自由主义的思想传统，反对过多地进行市场干预；另一方面是本土的金融市场比较发达成熟，有众多市场主体对 ESG 活动进行分析与评估，依靠政策引导进行市场监管的需求较小。

二、信息披露

信息披露政策是目前为止使用最广泛的 ESG 政策工具。各国各地区普遍重视信息披露政策。依据针对对象的不同，信息披露政策又可分为企业信息披露政策和投资者信息披露政策。

一般而言，企业信息披露的标志性政策是修订《公司治理守则》，加入要求公司半强制性/强制性披露有关信息的条款；投资者信息披露的标志性政策是制定《投资者尽责守则》，要求机构投资者在参与公司治理中体现 ESG 原则并对向其受益人披露有关信息。为辅助上述政策，政府还需指定企业和投资者制作信息披露报告的具体格式，这一般通过《指引》或者《指南》的形式体现。除此以外，其他信息披露条款常常分散地出现在某些政策法案中，不具有系统性。

信息披露政策又可分为企业信息披露和投资者信息披露。具体而言，在企业信息披露上，欧盟最为积极领先，美国最为保守谨慎，日本居于中间。在投资者信息披露上，欧盟也最为积极领先，美国和日本模式较为接近。比较结果显示，欧盟相较于美国和日本更加重视企业信息披露，欧盟在投资者信息披露政策方面处于领先。

实际上，由于美国和日本的市场相对而言更加成熟，因此无须在 ESG 方面做专门的信息披露要求。欧盟也具有统一各国之间标准的需求。相比之下，欧盟的信息披露制度建设工作重点也不尽相同。欧盟的挑战在于统一各国之间的标准，实际上存在难度，因为欧盟地区不同国家适用的法律标准和惯例不尽相同。

三、市场标准

市场标准政策是市场整合的重要环节。从欧盟经验来看，设立一套统一的市场标准能够有效减少"漂绿行为"，规范市场活动，便利政府监管。依据政府是否制定了官方的市场标准政策，可以划分两类国家和地区。其中，具有顶层设计的国家，通常对市场标准的规制也更加严格，属于"自上而下"的模式，比如欧盟；没有顶层设计的国家，通常对市场标准的规制更加开放，属于"自下而上"的模式，比如美国和日本。

欧盟制定了本土的市场标准政策，主要有三个方面特点。第一，欧盟的市场标准适用范围较广，面向所有"可持续投资行为"，可对企业经营活动和机构投资者的投融资活动均提供参考。第二，欧盟具有先天的优势，因为原有的国际标准也是基于欧美地区常见的经济活动形态开发的。第三，在配套政策方面，欧盟对市场主体使用其官方分类法提出了半强制性要求，实行"不一致即解释"原则。目前欧盟市场主体对该标准的认可度较高。

美国和日本均没有设立官方的市场标准政策。其原因一方面是其市场与国际接轨程度较高，可以直接使用权威国际组织推荐的市场标准；另一方面是其金融市场比较发达，可以采用具有较强市场影响力的投资机构公开的市场标准、或行业协会推荐的市场标准，对官方市场标准的需求较小。但它们同时面临着更大的"漂绿"行为风险。

四、市场行为

市场行为政策是指对某一产业、行业、产品或机制进行鼓励、引导或规范的一系列政策工具。美国是最为放松对金融产品设计和投资行为监管的国家。这源于美国的市场较为发达，各方面市场要素均处于自由生长的状态。同时，欧盟则尤为放松这方面政策。日本在 ESG 政策体系发方面，有其他类型的政策，这和日本企业理念与其他国家不相同有关。

第三节　ESG 信息披露监管要求概述

一、中国监管要求

1. 生态环境部

2020 年 10 月，生态环境部、国家发展和改革委员会、人民银行、银保监会、证监会联合发布《关于促进应对气候变化投融资的指导意见》，要求完善气候信息披露标准，加快制订气候投融资项目、主体和资金的信息披露标准，推动建立企业公开承诺、信息依法公示、社会广泛监督的气候信息披露制度。明确气候投融资相关政策边界，推动气候投融资统计指标研究，鼓励建立气候投融资统计监测平台，集中管理和使用相关信息。

2. 人民银行

2015 年，以主要国家央行为成员的金融稳定理事会（FSB）组建 TCFD（气候变化相关金融信息披露工作组），以回应气候相关财务风险信息披露上的严重缺陷。TCFD 建议从治理、战略、风险管理、指标和目标等几个方面加大气候变化风险对财务信息影响的披露，采用情景分析模型、借助压力测试结果应对潜在气候变化风险，并披露分析结果。

作为 TCFD 在中国的落地，中英金融机构气候与环境信息披露试点工作组（中方由中国金融学会绿色金融事业委员会、工商银行牵头）组织制定中国金融机构的环境信息披露指引。截至目前，试点小组已制定《金融机构环境信息披露指南（送审稿）》，并已于 2020 年底完成征求意见流程。

该披露指南建议金融机构从治理结构、政策制度、产品与服务创新、环境风险管理及流程、环境风险和机遇、环境风险量化分析、投融资活动的环境影响、经营活动环境影响等方面进行披露。该披露指南有可能上升为强制披露要求。

3. 银保监会

2007 年 12 月，发布了《关于加强银行业金融机构社会责任的意见》，要求企业和各种社会组织在发展的同时，严格履行社会责任，坚持经济效益和社会效益的统一。要求各银行业金融机构要结合本行实际，采取适当方式发布社会责任报告。主要银行业金融机构应定期发布社会责任年度报告。

2019 年 12 月，发布《关于推动银行业和保险业高质量发展的指导意见》，要求大力发展绿色金融，强化环境、社会、治理信息披露和与利益相关者的交流互动。

4. 证监会

2009 年，发布了《关于做好上市公司 2009 年年度报告及相关工作的公告》，要求上市公司增强社会责任意识，积极承担社会责任，鼓励披露年度社会责任报告。上市公司可以根据自身特点拟定年度社会责任报告的具体内容，包括公司在促进社会可持续发展、促进环境及生态可持续发展、促进经济可持续发展方面所做的工作等，鼓励上市公司在披露年报的同时披露年度社会责任报告。

2021 年 2 月，发布了《关于就〈上市公司投资者关系管理指引（征求意见稿）〉公开征求意见的通知》，主要修订包括落实新发展理念的要求，根据新修订的《上市公司治理准则》要求，在沟通内容中增加公司的环境保护、社会责任和公司治理（ESG）信息。

5. 上海证券交易所

2008 年 5 月，发布《上海证券交易所上市公司环境信息披露指引》，要求各上市公司应增强作为社会成员的责任意识，在追求自身经济效益、保护股东利益的同时，重视公司对利益相关者、社会、环境保护、资源利用等方面的非商业贡献。鼓励公司及时披露在承担社会责任方面的特色做法及取得的成绩，并在披露公司年度报告的同时在上交所网站上披露公司的年度社会责任报告。

2008 年 12 月，发布《〈公司履行社会责任的报告〉编制指引》，要求上市公司披露在促进社会可持续发展、环境及生态可持续发展、经济可持续发展方面的工作。

6. 香港金融管理局

2020 年 6 月，发布了《绿色及可持续银行业白皮书》探讨银行业应对气候变化的未来方向，重点落在相关的风险管理工作上。为了更准确评估风险，2021 年第一季度，20 多家银行机构受邀开展香港本地首次气候变化压力测试。

2020 年 5 月，香港金融管理局和香港证监会共同发起成立绿色和可持续金融跨机构督导小组，成员包括环境局、财经事务及库务局、香港交易所、保险业监管局、强制性公积金计划管理局。督导小组以监督政策和市场发展为重点，加快香港绿色和可持续金融发展，促进包括粤港澳大湾区在内的区域合作。

7. 香港交易所

2012 年发布《环境、社会及管治报告指引》（简称 ESG 报告指引），建议上市公司每年根据该指引要求披露 ESG 信息。随后，香港交易所频繁对该指引进行修订完善和意见咨询，监管要求也从"建议披露"提升到"不遵守就解释"再到"强制披露"。

2019 年 12 月，发布咨询总结《检讨〈环境、社会及管治报告指引〉及相关〈上市规则〉条文》，对之前的 ESG 报告指引进行修订，对上市公司 ESG 披露的监管要求进一步严格。重要修订包括：

缩短发布 ESG 报告的时限。发行人须在年结日后四个月内发布 ESG 报告。

推行 ESG 报告无纸化。基于 ESG 方面的资料越发重要，发行人在联交所网站及其网站发布 ESG 报告后必须通知股东。

增加强制披露要求"管治架构"。要求发行人陈述其董事会对 ESG 事宜所作考虑，当中必须披露董事会对 ESG 事宜的监管、识别、评估及管理重要的 ESG 相关事宜的过程，董事会如何按 ESG 相关目标检讨进度。

增加强制披露要求"汇报原则及范围"。规定 ESG 报告中要解释如何应用重要性、量化、平衡和一致性四项原则。规定要解释汇报范围，描述挑选哪些实体或业务纳入报告的过程。

增加有关气候变化的层面。增设"不遵守就解释"要求，即披露已经及可能会对发行人产生影响的重大气候相关事宜，以及已就此采取的应对行动。

增加环境关键绩效指标。增设"不遵守就解释"要求，即披露节能减排所订立的目标及为达到这些目标所采取的步骤。

提升社会关键绩效指标披露要求。将社会范畴下的所有关键绩效指标的披露责任由"建议披露"提升至"不遵守就解释"。

鼓励独立鉴证。建议寻求独立鉴证以加强 ESG 报告的可信性。2021 年 4 月，发布咨询文件《检讨〈企业管治守则〉及相关〈上市规则〉条文》，引入多项新措施以提升香港上市公司的公司治理水平。主要建议包括：

强调企业文化与其目的、价值及策略必须一致，新增"不遵守就解释"条文，要求制定反贪污及举报政策。董事会独立性、引入新成员及继任规划，包括制定政策确保董事会可取得独立意见，强制设立提名委员会等。董事会多元化，包括须制定可量化的目标及时间表，以在董事会层面及所有雇员层面均达到性别多元化。与股东的沟通，强制披露股东通讯政策，并每年检讨其有效性。将 ESG 报告发布时限与年报一致。鼓励发行人在根据 ESG 指引披露气候相关资料时考虑采纳 TCFD 建议，并会就此提供进一步指引。

二、欧美监管要求

1. 欧盟委员会

2021 年 3 月 10 日，欧盟界定"绿色投资"的《可持续金融披露条例》（Sustainable Finance Disclosure Regulation，以下简称 SFDR）正式生效。SFDR 涉及主体涵盖所有欧盟金融市场参与者、顾问、以及向欧盟投资者推销产品的外来参与者。条例要求他们收集并报告指定的 ESG 数据，包括可持续发展风险如何影响投资者回报的信息，反之亦应披露投资如何对气候变化等可持续性因素产生负面影响。SFDR 制度将在两年内推出，旨在将 1 万亿欧元转移到更可持续的领域，并防止企业虚假地宣称自己在做好事，从而防止"洗绿钱"。

对于在欧盟境内或者面向欧盟投资人募集资金、发行产品或者为位于欧盟的金融市场主体提供顾问服务的中国机构而言，准确理解和掌握 SFDR 所提出的信息披露要求，建立和完善符合 SFDR 要求的信息披露制度和流程，对于把握和拓展 ESG 投资领域的业务机遇至关重要。

2021 年 3 月，欧盟委员会发布欧洲可持续发展报告标准，提出了关于制定一套全面的欧盟可持续发展报告标准的路线图。该报告包括 54 项建议，涵盖总体原则、行业特色原则以及企业自行拓展等三层目标架构。欧盟委员会预计 2022 年中期发布首套可持续发展报告标准草案。

2. 欧洲证券及市场管理局等金融监管机构

《可持续金融披露条例》（SFDR）授权欧洲监管当局通过联合委员会交付关于可持续性相关披露的内容、方法和显示的监管技术标准草案。其中六项监管技术标准必须在 2020 年 12 月 30 日前交付，一项必须在 2021 年 12 月 30 日前交付。

2020 年 4 月，欧洲监管当局联合金融监管机构发布联合咨询文件《环境、社会与治理披露》。

3. 美国证监会

2021 年 2、3、4 月，美国证监会的三个部门（Division of Corporate Finance，Division of Examination，Division of Enforcement）分别发布公告，表示将会审核针对气候风险的披露，2021 年的审查重点会包括 ESG 与气候风险，将成立风险专门小组，公开征求针对气候变化披露的意见，以及针对投资 ESG 有关产品的风险提示。

4. 国际证监会组织（IOSCO）

2019 年，发布《关于发行人披露 ESG 事项的声明》，阐明发行人在披露对投资者决策关系重大的信息中纳入环境、社会和治理（ESG）事项的重要性。声明从投资者关切、发行人披露要求等角度强调了 ESG 披露的重要性，尤其强调了证券监管机构在提升资本市场透明度、保护投资者中应扮演的角色。声明简介了当前主要的 ESG 披露框架，并希望通过此声明推动建立更为一致的披露实践。

第四节　典型 ESG 政策模式与比较

一、英国"协同性高—强制性高"模式

英国 ESG 政策模式的特征：①监管工具强制性高：一级指标上强制、混合、自愿工具的比例约为 6：2：1，重点采用"强化信息披露""加强监管力度""调整技术标准"的监管工具。②价值表达协同性高，一级指标上环境、社会与治理因素的比例约为 5：4：4，重点关注了"能源与气候变化""公司管理制度与董事会结构"两个子议题。

1. 监管工具维度

从监管工具的维度来看，英国监管工具具有强制性较高的特点。强制型工具占比约 65%，混合型工具占比约 20%，自愿型工具占比约 10%。可以看出，英国在 ESG 政策工具的组合规律上，强制型工具占据压倒性多数。本书统计得出 ESG 政策工具使用情况如表 6-1 所示。

表 6-1　ESG 政策工具使用情况

工具类型	强制型工具	混合型工具	自愿型工具
数量	630	190	102
占比（%）	65.4	19.7	10.6

资料来源：作者自制。

从监管工具维度的二级分类来看，英国偏好使用"强化信息披露""加强监管力度""调整技术标准"等政策工具。可以看出，在强制型工具中，英国偏好于强化信息披露与加强监管力度的政策；在混合型工具中，偏好于使用建设数据平台、建立术语系统的政策；在自愿型工具，偏好于采用增加政府投资、转变投资方式的政策。

2. 价值表达维度

从价值表达的协同性来看，英国价值表达具有协同性高的特点。英国的关注领域虽侧重环境因素，但是全要素政策也较多，说明 ESG 三要素已经进行了充分整合，处于三方联动、系统推进的成熟阶段。本书统计得出 ESG 政策工具使用情况如表 6-2 所示。

表 6-2　ESG 政策工具使用情况

价值维度	环境因素	社会因素	治理因素	整合因素
数量	429	363	342	232
占比（%）	25.3	21.4	20.1	13.6

资料来源：作者自制。

从政策价值表达维度的二级分类来看，英国政府更为关注能源行业、公司管理制度与董事会结构等议题。可以看出，在环境领域，英国更为关注能源与气候变化、有毒排放物与垃圾相关的政策；在社会领域，更加关注网络安全与隐私保护相关的政策；在治理领域，更加关注公司管理制度与董事会结构、不正当竞争相关的政策。

二、美国"协同性高—强制性低"模式

从总体统计情况来看，美国 ESG 政策模式的特征：①监管工具强制性

低：一级指标上强制、混合、自愿工具的比例约为 6：7：5，重点采用"调整技术标准""强化信息披露""加强监管力度"的监管工具。②价值表达协同性高，一级指标上环境、社会与治理因素的比例约为 9：6：7，重点关注了"金融系统稳定性""能源与气候变化"两个子议题。

1. 监管工具维度

从监管工具维度来看，美国 ESG 政策工具具有强制性低的特点。强制型工具占比约 33%，混合型工具占比约 38%，自愿型工具占比约 25%。可以看出，美国在 ESG 监管工具上采取放任的态度。本书统计得出 ESG 政策工具使用情况如表 6-3 所示。

表 6-3　ESG 政策工具使用情况

工具类型	强制型工具	混合型工具	自愿型工具
数量	260	276	180
占比（%）	33.4	37.7	24.6

资料来源：作者自制。

从监管工具维度的二级分类来看，美国政府偏好使用"调整技术标准""强化信息披露""加强监管力度"的政策。可以看出，在强制型工具中，美国偏好于调整技术标准与强化信息披露的政策；在混合型工具中，偏好于使用塑造社会共识、开展数据调查的政策；在自愿型工具中，偏好于采用增加政府投资、转变投资方式的政策。

2. 价值表达维度

从价值表达的维度来看，美国的关注领域分布均衡，环境、社会和治理因素都有所涉及并且全要素政策也在成长期，呈现出多点突破、协调推进的格局。本书统计的使用情况如表6-4所示。

表6-4　统计的使用情况

价值维度	环境因素	社会因素	治理因素	整合因素
数量	160	102	126	60
占比（%）	35.7	22.8	28.1	13.4

资料来源：作者自制。

从价值表达维度的二级分类来看，美国政府特别关注金融系统稳定性、能源行业、劳工权益与等议题。可以看出，在环境领域，美国更为关注能源与气候变化、自然资源管理利用、有毒排放物与垃圾相关的政策；在社会领域，更加关注雇佣关系与相关的政策；在治理领域，更加关注金融系统稳定性、公司管理制度与董事会结构相关的政策。

三、日本"协同性低—强制性低"模式

从总体统计情况来看，日本 ESG 政策模式的特征：①监管工具强制性低：一级指标上强制、混合、自愿工具的比例约为4∶5∶1，重点采用"加强监管力度""提升披露标准""塑造社会共识"的监管工具。②价值表达协同性低，一级指标上环境、社会与治理因素的比例约为9∶4∶3，重点关注了"能源与气候变化"等子议题。

1. 监管工具维度

从监管工具的维度来看，日本 ESG 政策工具的强制性程度较低。强制型工具占比约38，混合型工具占比49.9%，自愿型工具占比8.6%。

表6-5　监管工具

工具类型	强制型工具	混合型工具	自愿型工具
数量	160	210	36
占比（%）	38.0	49.9	8.6

资料来源：作者自制。

从监管工具维度的二级分类来看，日本偏好使用"加强监管力度""提升披露标准"、"塑造社会共识"的政策。强制型工具中，日本偏好加强监管力度与提升披露标准的；混合型工具，偏好使用塑造社会共识、建立术语系统的政策；自愿型工具中，偏好采用增加政府投资、提供信贷支持的政策。

2. 价值表达维度

从价值表达维度的视角来看，日本的关注领域较为侧重环境因素，整体上对三要素的关注度不够均衡。可以看出，涉及环境因素约为社会或治理因素的 2 倍左右，社会与治理因素体量大致相当，呈现出轻微侧重环境因素，社会、治理并重的格局。本书统计得出 ESG 政策工具使用情况如表 6-6 所示。

表6-6　ESG 政策工具使用情况

价值维度	环境因素	社会因素	治理因素	整合因素
数量	351	154	135	144
占比（%）	44.8	19.6	17.2	18.4

资料来源：作者自制。

从价值表达维度的二级分类来看，日本政府更为关注能源行业、公司管理制度与董事会结构等议题。可以看出，在环境领域，日本更为关注能源与气候变化、包装、快递、造纸业的政策；在社会领域，更加关注生产安全与产品安全等相关的政策；在治理领域，更加关注腐败与薪酬、公司管理制度与董事会结构的政策。

五、模式总结

本书选取中国英国、美国、日本，运用多案例比较的研究方法，对其ESG政策体系进行分析，通过对相关政策文本的内容分析，发现英国偏重于关注能源和气候变化，注重信息披露的监管模式和改善公司治理结构。美国则偏重于通过金融系统的发展，其政策工具的使用较为均衡，日本同样注重监管力度，但日本还比较注重技术标准和社会共识的达成，这些都体现了不同国家在不同阶段的特点。

第五节　建立基础设施ESG评价体系，推广责任投资（ESG）理念的政策建议

基础设施高质量发展面临理念转变、质量提升、能力提高等迫切需求。ESG作为一种全球新兴投资理念，近年来受到了广泛关注和应用。然而，因评价层次、维度发展、基础内涵等方面存在差异，现有ESG评价体系无法直接应用于基础设施项目层面。因此，建构项目ESG评价体系是当务之急。这有助于继续发挥固定资产投资的体制优势，进一步提升基础设施的底层资产质量，促进固定资产投资的良性循环等。为此，建议推进项目ESG评价体系

工作，建构顶层设计，促进多方交流，凝聚各方共识，加强研究力度，编制实施方案并鼓励开展试点等，切实推进基础设施高质量发展。

一、建立基础设施 ESG 评价体系对促进投资高质量发展具有重要意义

1. 基础设施 ESG 评价体系有助于发挥体制优势

基础设施历来是我国国民经济发展的重要支柱，具有"稳增长""调结构"等重要作用。伴随近年以信息和通讯技术为基础的"新基建"产业崛起，基础设施建设将依然是我国扩大投资需求，保持经济增长活力的主力军。我国基础设施投融资以项目管理体制统筹全国各地基础设施，项目管理体制有助于国家调控全国基础设施发展方向，保障不偏离国家战略主线，有效激发地方政府、金融机构、投资者等各方主体对基础设施投资的积极性，推动基础设施飞速发展，展现出独特的体制优势。

建构项目层面的 ESG 评价体系有助于继续发挥上述体制优势。基础设施项目通常以可行性研究报告的编制、申报和审批为主线，以规划、财政、土地、环保和社保等跨部门协调为辅线管理。在此基础上，建立项目层面的 ESG 评价体系，更容易让各部门接受，有利于发挥体制优势。

2. 基础设施 ESG 评价体系有助于提升资产质量

一方面，存量资产面临债务偿还和运营管理压力，亟待有效盘活和转型升级。另一方面，增量资产的投资建设和运营方式面临新时代发展标准的约束和大幅资金的需求，亟待提高投资建设运营效率和提升资产质量。

建构项目层面的 ESG 评价体系有助于提升资产建设和运营质量。基础设

施项目前期投入大，建设阶段需要动用大量资源，开工前如果通过 ESG 评价，则其建设施工过程将产生显著效益。建成后的基础设施资产使用寿命长、外部性大，运营阶段通过 ESG 评价的监测，可保证其综合效益和市场吸引力。

3. 基础设施 ESG 评价体系有助于促进投资循环

目前，全球投资者对于环境、社会、治理等责任投资的关注度持续高涨。ESG 投资规模快速增长，日渐成为国际上通用的投资评估和应用工具。建构基础设施 ESG 评价体系有助于完善基础设施投资建设运营阶段的规范管理和信息披露。基础设施的投资建设是资产形成过程，处于资本投资链条的源头，对基础设施良性投资有重要意义。由于基础设施投资规模大、回收期长、收益偏低，资本一旦投入将无法短期内退出，因此这类资产具有很高的资本专有性。在资产形成端导入 ESG 评价体系，有助于基础设施资产形成过程和产出结果均符合 ESG 相关标准，从而提升投资源头的资产标准化和规范化。

建构项目层面的 ESG 评价体系有助于资产增量投入和存量盘后时的转化效率。这能提高产品发行端、资本投资端对基础设施资产中符合 ESG 标准产品的投资效率。这也有助于建构更加多元化的投融资格局，拓宽融资渠道，特别是提高民间资本的投资意愿、降低民间资本的投资门槛，从而促进良性的投资循环。

二、建立基础设施 ESG 评价体系的政策建议

1. 构建基础设施 ESG 评价体系的顶层设计

ESG 评价体系是相互联系的有机整体，构建基础设施 ESG 评价体系的顶层设计对于关照全局、把握发展趋势具有深远意义。一是建议明确基础设施

ESG 评价体系的重要意义，加强 ESG 理念的宣传推广，要求各方高度重视，鼓励各地积极探索运用 ESG 评价体系的措施，推进 ESG 理念的项目规划设计和组织管理。二是建议创新基础设施投融资体制下的 ESG 管理体制，以可行性研究报告等固定资产手续为抓手，发布高阶位的政策文件，明确 ESG 评价体系的战略定位、推广方案、操作原则等，提高实施和管理效力。三是建议坚持以政府引导为主的 ESG 管理体制，推动基础设施 ESG 评价体系的理论研究、经验交流、合作对接等工作，通过政府引导带动市场主体积极参与。

2. 加强基础设施 ESG 评价体系的研究力度

ESG 概念缘起业界，具有强实践属性，但尚未形成理论体系，加强 ESG 评价体系的研究力度，为基础设施高质量发展奠定理论基础。一是建议加强基础设施资产端的研究力度，促进部门、行业、高校、协会等加强 ESG 评价体系研究，特别是研究论证与已有固定资产管理体制的接口和难点等。二是建议加强 ESG 理念培训和交流，组织培训促进多方主体的经验交流，特别是引导基础设施资产端与产品端和投资端的密切交流，促进各方加深 ESG 理念的认识。三是建议明确 ESG 评价体系推进的基础框架，包括信息披露、绩效评价、投资指导三个环节，积极推进并完善整体框架，出台配套政策。

3. 编制基础设施 ESG 评价体系的实施方案

基础设施项目层面的 ESG 评价体系属国内首创，国内外尚无现成经验可借鉴，编制详实的实施方案有助于工作稳步推进。一是建议着重完善信息披露制度，信息披露是 ESG 评价体系建立的必要条件，结合固定资产投资管理现状增加 ESG 标准的信息披露和管理要求，推进 ESG 模块的数据库建设。二是建议对环境、社会和治理三个维度的现有情况开展调研，一方面调研商道融绿、工商银行、证券投资基金业协会等已实践 ESG 评价的机构，另一方面调研地方发改、企业等基础设施项目主体，与政府、企业、评级机构、专家等持续沟通，考虑各方意见。三是建议开展基础设施 ESG 评价体系项目试点，鼓励有条件的领域或项目实施 ESG 评价试点，通过传统领域（污水处理、固废处置等）和新兴领域（光伏发电、数字基础设施等）分别开展试点的方式推进，构建符合中国国情、具有中国特色的基础设施 ESG 评价体系。

参考文献

[1] 陈志远. 地方投融资平台公司风险防控及转型发展对策研究 [J]. 经济研究参考, 2018, (11): 71-75.

[2] 曹园园. 收费公路 PPP 模式分析与应用研究 [D/OL]. 大连: 大连海事大学, 2017.

[3] 操群, 许骞. 金融"环境、社会和治理"（ESG）体系构建研究 [J]. 金融监管研究, 2019, (4): 95-111.

[4] 冯霄羽, 杨高升. RCP 项目融资模式及其补偿方式初探 [J]. 建筑经济, 2009 (7).

[5] 傅杰, 刘晓芳, 刘雯. 中国 ESG 发展白皮书 2020 [R]. 北京: 财新智库, 2020.

[6] 国家计划委员会. 关于投资管理体制的近期改革方案（摘要）[J]. 经济工作通讯, 1988 (9).

[7] 苟敏科, 李少江. 西部地区地方政府投融资现状及政策建议 [J]. 中国商论, 2018, (7): 122-123.

[8] 国务院关于"十四五"现代流通体系建设规划的批复 [J]. 中华人民共和国国务院公报, 2022, (3): 21.

［9］黄玥．创业投资引导基金对科创板企业成长性的影响研究［D/OL］．四川：西南科技大学，2023.

［10］胡斌，金理成，冯嘉容．盘活存量资产扩大有效投资的财政政策研究——以象山县为例［J］．宁波经济（三江论坛），2024（5）.

［11］姜超峰．从第四次经济普查数据看物流高质量发展［J］．中国储运，2020，（2）：36.

［12］刘立峰．地方政府投融资及其可持续性［M］．北京：中国发展出版社，2016.

［13］刘文彬．地方政府融资平台转型的三个关键点［J］．中国统计，2017，（8）：67-68.

［14］刘超群．我国地方政府投融资可持续性综合评价［J］．经济研究参考，2018，（43）：38-51.

［15］刘璐．C市地铁建设PPP项目政府监管问题及对策研究［D/OL］．成都：电子科技大学，2022.

［16］刘保林．国家发展改革委举行新闻发布会 介绍"十四五"现代流通体系建设规划有关情况［J］．中国产经，2022（2）.

［17］李宝庆．城市化发展中的地方投融资体系构建研究［D/OL］．杭州：浙江大学，2011.

［18］李经纬．新预算法及其配套政策法规实施背景下的地方融资平台转型与发展［J］．中央财经大学学报，2015，（2）：3-9.

［19］李欣鸿．地方政府投融资困境与对策分析［J］．财会学习，2021，（31）：124-126.

［20］李泽正．完善固定资产投融资体系［J］．中国投资，2021（12）.

［21］李井林，阳镇，陈劲，等.ESG 促进企业绩效的机制研究——基于企业创新的视角［J］.科学学与科学技术管理，2021，42（9）：71-89.

［22］李泽正.加快盘活存量资产 形成投资良性循环［J］.中国投资，2022（7）.

［23］李泽正.基础设施 REITs 助推"十四五"高质量发展［J］.中国投资，2022（3）.

［24］李泽正，盛磊.中国基础设施 REITs 收益与风险特征研究［J］.宏观经济研究，2022（9）.

［25］毛晖，余爽.地方融资平台公司：转型与发展［J］.中国财政，2017，（12）：60-63.

［26］梅建明，戴琳，吴昕扬.中国地方政府投融资改革 70 年：回顾与展望［J］.财政科学，2021，（6）：26-37.

［27］戚飞鸿.浅谈对政府和社会资本合作（PPP）模式的认识［J］.江苏建材，2016（8）.

［28］邱牧远，殷红.生态文明建设背景下企业 ESG 表现与融资成本［J］.数量经济技术经济研究，2019，36（3）：108-123.

［29］舒灵智.RCP 融资模式在西部基础设施建设中的应用研究［D/OL］.长沙：中南大学，2010.

［30］宋二行，周晓唯.中国区域物流竞争力评价及其协调发展研究［J］.价格月刊，2020，（8）：70-78.

［31］沈睿.冷链物流：回顾与展望［J］.中国储运，2020，（4）：43-45.

［32］盛磊，李泽正.盘活存量资产的关键要点［J］.中国金融，2023（2）.

［33］温晓丽．地方政府投融资发展历程及新时期趋势探析［J］．地方财政研究，2013，（7）：56-60.

［34］汪鸣，陆华．论我国物流产业高质量发展的趋势与路径［J］．中国物流与采购，2018，（20）：54-57.

［35］汪鸣．国家物流枢纽高质量建设与发展探讨［J］．大陆桥视野，2019，（9）：57-60.

［36］王瑶，李雪雯，牟毅．ESG 趋势与分析：中国及全球市场研报［R］．北京：中央财经大学绿色金融国际研究院，2020.

［37］王励晴．中国非税收入征管问题研究［D/OL］．武汉：中南财经政法大学，2022.

［38］王盈盈，黄小芸．我国基础设施建设投资规制中的 ESG 表现调查研究——基于文本分析方法［J］．中国环境管理，2024，16：49-56.

［39］徐鲲，郑威．地方政府"土地财政"模式的路径依赖与治理创新［J］．经济体制改革，2015，（5）：24-28.

［40］徐军伟，毛捷，管星华．地方政府隐性债务再认识——基于融资平台公司的精准界定和金融势能的视角［J］．管理世界，2020，36（9）：37-59.

［41］肖红军，阳镇．中国企业社会责任 40 年：历史演进、逻辑演化与未来展望［J］．经济学家，2018，（11）：22-31.

［42］杨涛，徐霞，于艳霞．PFI 和 RCP 融资模式的比较研究［J］．特区经济，2011（7）．

［43］杨灿明，鲁元平．地方政府债务风险的现状、成因与防范对策研究［J］．财政研究，2013，（11）：58-60.

［44］曾培炎．中国投资建设 50 年［M］．北京：中国计划出版社，1999．

［45］赵全厚．风险预警、地方政府性债务管理与财政风险监管体系催生［J］．改革，2014，（4）：61-70．

［46］赵辉，屈微璐，邱玮婷，等．基于 IFS 与 TOPSIS 的城市基础设施 PPP 项目融资风险评价［J］．土木工程与管理学报，2018，35（2）：66-71．

［47］赵娴，潘建伟，杨静．改革开放 40 年中国物流业政策支持的回顾与展望［J］．河北经贸大学学报，2019，40（5）：52-59．

［48］赵鑫．政府投资基金投资策略及财政支持机制研究［D/OL］．北京：中国财政科学研究院，2020．

［49］张方．上海投融资的产业调控与区域整合研究［D/OL］．上海：华东师范大学，2003．

［50］张陶然．我国地方政府投融资模式研究［D/OL］．南昌：江西财经大学，2016．

［51］张展．政府引导基金管理效率研究［D/OL］．郑州：河南财经政法大学，2020．

［52］张振，陈思锦．推动现代流通体系建设 加快构建新发展格局［J］．中国经贸导刊，2022（5）．

［53］周法兴．中国政府投资政策转变及其影响研究［M］．北京：中国财政经济出版社，2007．

［54］郑忠良，王琳婷，李想．供给侧改革背景下地方融资平台转型研究［J］．宏观经济管理，2016，（10）：61-63+68．

［55］Alyssa Heath, Melanie Paty, Will Martindale. Global guide to responsible investment regulation [R]. London: UNPRI, 2016.

[56] Amel-Zadeh A, Serafeim G. Why and how investors use ESG informa-tion: Evidence from a global survey [J]. Financial Analysts Journal, 2018, 74 (3): 87-103.

[57] Ballestero E. Socially responsible investment [M]. Springer, 2015.

[58] Dunn W N. Public policy analysis [M]. Routledge, 2015.

[59] Friede G, Busch T, Bassen A. ESG and financial performance: aggre-gated evidence from more than 2000 empirical studies [J]. Journal of Sustainable Finance & Investment, 2015, 5 (4): 210-233.

[60] Margarita Pirovska, Fiona Stewart, Emma Dalhuijsen. ESG policy & regulation toolkit [R]. London: UNPRI. 2020.